JN278713

みよこ先生の
「手から金粉出ちゃいました」

はじめに

まずは、この本を手にとってくださって、ありがとうございます。

タイトルに惹《ひ》かれた方や、霊能者や予言というものに興味がある方、私を知っている方、知らない方。理由はどうであれ、こうしてあなたと巡《めぐ》り合えたことに感謝します。

最近はブームと言いましょうか、霊能者やヒーラーと呼ばれる人たちがマスコミやメディアを賑《にぎ》わせています。私もそう呼ばれているひとりです。

私はある衝撃的な体験を境に不思議な力を発揮するようになりましたが、実は、いわゆる、神様の声が聞こえたり、霊が見えるわけではありません。ただ、私がなにげなく発した言葉で人の悩みが解決したり、電話で話すだけで相手の方の病が癒《いや》されてしまうことが、今まで数多くあったということです。でも、ただただ私は感じるだけ。このことは自分でも不思議だし、なぜかはいまだにわかりません。自分でも説明がつかないのです。

子供の頃はそれこそ自由奔放に生きてきた私ですが(笑)、大人になってからはいいことなんてひとつもなかった。死んでしまいたいと思いつめたこともありました。でも今はやっとその苦しみを乗り越え、この力で、人さまを幸せに導きたいと願うようになれたのです。

人に裏切られ、病に苦しみ、貧乏のどん底を経験した私が、今一番実感しているのが生きることの大切さ。精一杯毎日を生きることが、大事だと思うのです。

〝精一杯生きる〟とは、「今日はなにかひとつ、いいことができるんじゃないか」と、考えることとです。人間である以上、欲が出るのは当たり前。でも、なにも感じない人間と、感じる人間とでは、明らかにその後の人生が変わってきます。それは間違いないのです。

やはり自分自身を高めることが、人の幸せにつながります。自分が幸せだと相手の幸せを願えるけど、自分が不幸だとそんな余裕もなくなりますから。私の生い立ちや不思議体験の数々をお伝えすることで、みなさんに本当の幸せを感じていただけたらうれしく思います。

苦しみを体験しなければ、今の私は存在しませんし、同じ苦しみを経験している人の気持ちもわからなかった。そういう意味で、多くの体験をさせてくれた神様に感謝しています。

この本を通して、もっと幸せの輪が広がっていくことを願っています。

みよこ

目次

第三章　超極貧生活

第四章　治癒＋予知　百発百中？

第五章　宿命

本書は、みよこ先生の語りを文章にまとめたものです

文・花村扶美
装幀・入江あづさ
撮影・富井昌弘

第一章

じゃぶかけGIRL

2歳のとき。家業の下駄屋さんの前で

神の子

私が生まれたのは山梨県甲府市で、自然に囲まれた緑あふれるのんびりとしたところでした。富士山や南アルプスの山々にいつも見守られていましたね。

周辺は同じような長屋《ながや》が建ち並んでいて、自宅で商売をしている人やサラリーマン家庭などさまざま、どちらかというと農家は少なかったかもしれない。

私の家は、両親が下駄屋を営んでいたんですよ。もともと下駄を作る工場で働いていた父が、腕を磨《みが》いて独立して開いた下駄屋だったんです。

母は28歳のとき、ふたつ年下の父と結婚して。30歳のときに長女、32歳のときに次女が生まれました。私は3姉妹の3番目の子で一番上の姉とは7歳離れていたの。

「もう子供はいらないねー」

なんて言ってた矢先の子供だったから、妊娠がわかったときはびっくりしたそうです。だって、子供ができるようなことを一切してなかったって言うんですもの(笑)。

だから母は、5か月に入るまで妊娠にまったく気づかなくて、突然出血したものだから慌《あわ》てて病院へ駆け込んだということです。

検査の結果、妊娠していることがわかったんだけど、なんとこのままでは母体も危ないということで、先生からは「母親の命を守るためにも子供のことは諦《あきら》めてくださ い」と言われたそうなんです。するとうちの母親は先生の言葉に、

「絶対堕《おろ》しません！」

と、猛反撃。それからというもの毎日毎日神社へお百度参《ひゃくどまい》りをして、お水をかぶって願掛けをしてくれたそうです。体が凍《こご》えるくらい寒い1月…。唇は真っ青になって、寒さのために体中がマヒして冷たさも感じなくなるほどだったと聞きました。

親の子を思う気持ちに触れたようで、その話を聞いたときは、感謝の気持ちでいっぱいになって胸に込み上げてくるものがありましたね。

その母の必死な思いが天に通じたのか、私はこの世に生まれ出ることができたのです。生まれる前は両親を心配させた私でしたが、誕生したときは安産で、姉たちが学校へ行ってる間につるんと生まれちゃったんですって。

もしかしたら、この世に生まれてこれなかったかもしれない命。自分で選択したわ

けではないけど、そこですでに運命の道が開かれてしまっていたのかなと思います。

そして、誕生から1か月——。お宮参りに行ったときに、両親が信仰していたある宗教の教祖様が私を抱いておっしゃったそうです。

「すごい子を産んでしまったね。この子は大きな使命をもって生まれてきたのだから、けっして叩《たた》いたりせず、大事に育てなさい。そうすれば世界に名を残すだろう」

でも、現実には、両親も姉も困ってしまうくらいのわがままで勝ち気な子供に、私は育っちゃったのよね。姉たちと年が離れていたから、私が生まれたときはふたりとも大喜びで可愛がってくれたらしいけど、それがよくなかったのか自分勝手な子で。うちの姉たちが石蹴《いしけ》りをして遊んでいれば石を勝手に取っちゃうし、ゴム跳びをしてればゴムを隠《かく》す。山梨の方言で〝邪魔をする〟ことを「じゃぶをかく」と言うんですが、思い通りにいかないと邪魔をする、そりゃもうわがまま放題でしたよ。

「みよこを連れて行くと友達が誰も遊んでくれない」

と姉たちが泣きながら帰ってくることもしょっちゅう。そこで、困り果てた母は、お店の柱に私をくくりつけて、逃げ出さないように見張ってたんですって。

ちょうど、私が5歳のときに伊勢湾台風という超大型台風が日本列島を襲って、

5000人を超える死者や行方不明者を出したことがあったんです。

それで、姉やその友達から「みよこの暴れん坊ぶりには手が負えない」と、〃伊勢湾台風〃という、ありがたくないあだ名をつけられてしまったの。

下駄泥棒

うちの父親は結婚当初はごく普通の人だったらしいんだけど、あることがきっかけで変わっていったそうです。

それは、母の弟――つまり、私の叔父さんが破傷風《はしょうふう》にかかってからのことでした。

破傷風というのは、傷口から入った菌が体中にまわって、最後には神経をマヒさせて痙攣《けいれん》を起こして死んでしまう恐ろしい病気。叔父さんは、ひどい破傷風菌に侵《おか》されて、病院に連れて行ったときには、「今晩中に亡くなると思うので、親戚《しんせき》を集めてください」とまで言われてしまったそうなんです。

見る見る衰弱していって、体は痙攣を起こしてエビ反《ぞ》りのように反り返り始めて…。

みんなが絶望的になっていたとき、母親が近所の人に入信を勧められていた宗教のことをフッと思い出したんですって。そこで、

「もう、これは神様にお願いするしかない！」

と、思いきって、その宗教の教祖様のところへ行ったそうです。

そうしたら、教祖様が祈祷《きとう》を上げてくださったのですが、それから3時間も経《た》たないうちに、なんと叔父さんの病気が治ってしまったの！

もともと真っ正直な両親ですから、すっかり教祖様の力に魅《み》せられて、自分の弟を助けていただいたからと、いきなり入信。

父が31歳、母が33歳、上の姉が3歳で下の姉がまだ1歳のときでした。

まだ小さかったうちの姉ふたりを家に置いて、夜の修行に毎日出かけるようになってしまったんですね。だから、姉たちは寂しくて家でよく泣いてたって聞きました。

でも、父に不思議なパワーが出るようになったのは、それからなんですよ。

父は幼少の頃、お寺で育った人なので、信心深い心がもともとあったんでしょう。性格も「こんなに温厚な人がいていいのか」と言われるくらい穏やかな人で、人の悪口を言ってるのなんて、聞いたことがなかった。

宗教に入ってしばらくしたら、父は人の病気を治療したり、予言めいたことを言うようになって。近所では、ちょっとした有名人になったんですよ。

うちの実家は下駄屋だったんだけど、その頃から、ベテランの問屋さんがものすごく不思議がるほど、うちの下駄だけがよく売れるようになったんですって。

そしてある日、決定的なことが起きたんです。

お店に、見知らぬおじさんが履物《はきもの》を買いに来たの。

「この下駄をください」

って言うから、父が下駄を包んでいたのだけど、その間におじさんが自分の懐《ふところ》に別の下駄をこっそり入れるのに気づいたんです。それも最高級の桐の下駄を…。

だけど、相手はお客様。間違ってたら失礼だから、

「あんた盗んだだろ？」

なんて言えないわよね。だから、その場では問いたださなかったんだけど、おじさんが自転車で帰って行く後ろ姿に向かって、

「本当に下駄を盗んでるなら、この人を止めてくれ！」

って、神様に祈りながら宙で九字《くじ》を切った（〝臨兵闘者皆陣列在前《りんぴょうとうしゃかいじんれつざいぜん》〟の九つの言葉を唱《とな》えてまじないをすること）んだそうです。

そしたらなんと、100メートル先にいたそのおじさんが、自転車ごとバターンと転んじゃったって言うんですよ！

それでおじさんのところへ走って行って、

「おじさん、今うちの下駄を盗《と》って行かなかったかい?」

って聞いたんだけど、

「いや、なにも盗んでなんかいないよ」

ってしらばっくれたんですって。それで、

「だったら、その証拠に立ち上がってみてください。あなたが立てたら私の誤解だから、謝《あやま》りますから」

と言って、立ち上がってもらおうとしたんだけど、そのおじさんは腰が抜けたようになって立てなかったそうよ。そして、とうとう盗んだことを謝って、下駄を返してくれたんですって。

でも、こういう下駄泥棒をひっくり返すなんていうのは、父にとっては朝飯前だったそうです。あと、病気の牛を治したこともあるのよ。

うちは、お店を構《かま》えて下駄屋をしながら、行商《ぎょうしょう》(一軒一軒の家を回って商品を売ること)もしていたんですね。

その行商の最中、ある農家へ立ち寄ったときのこと。

「大事に育てた牛が売る直前に、病気になってしまったんです。これじゃあ売ることができないから、もう自分たちの生活ができなくなってしまう」

と、そこの主人が困っていたらしくて。

そうしたらうちの父親が、

「じゃあ、治してあげるよ」

って、10円玉を紙に包んでそれで牛の体を撫《な》でたあと、九字を切ったの。

すると、荒い息をして倒れていた牛が、ゆっくりと起き上がって草を食べ始めたんですって。それから2、3日後に牛は無事に売られていったそうです。

ほかに、台風の目に向かって九字を切って、台風を四つに切って飛ばしちゃったこともあったって聞いたわ。父は、もしかしたら私よりも力があったのかもしれない。

そのとき、私たちの家以外のご近所は、屋根が飛ばされたり雨漏《あまも》りがしたり木が根こそぎ倒されたり、軒並み被害を受けたのに、うちだけは無傷だったんですって。

母と姉ふたりには特に不思議な力はないのだけれど、父にはあったというから、私は父親の血を受け継いだのかもしれないですね。

というのも、私だけが、父に特殊な能力がついてから生まれた子供だったから…。

小学校荒らし

小さな頃の私は、まわりの子供たちとなんら変わらない普通の女の子でした。少なくとも自分では、そう思ってました。

でも、まわりの人はそうは思ってなかったみたい。

私、超人見知りしない子で、母は私を連れて街に出るときは本当に恥ずかしかったそうです。

当時、山梨にも路面電車が走っていたんですね。私はその電車に乗ったとたん『有楽町で逢いましょう』や『東京のバスガール』など、その頃のヒット曲を突然、みんなの前で歌いだしていたんですって。それも、口ずさむなんてものじゃなくて、すごい大きな声で歌って。乗り合わせたお客さんたちが拍手をしてくれると、気をよくして何度でも歌ってたらしいの。ほとんどバスガイド気取りよね(笑)。母なんて、

「古賀政男さんのところに弟子入りさせようかね」

って、冗談で言ってたくらい歌が好きな女の子だったわ。

私は「将来はピアニストになりたい」って思うくらいピアノが好きだったけれど、もともと音楽全般が好きだったんですよ。父親もハーモニカやアコーディオンなど、楽譜なしで楽器が弾《ひ》けちゃう人だったから、私もその影響が大きかったのかもね。

そういう歌ってばかりいるような子だったから、小学校2年生のときに『NHKのど自慢』の子供大会に山梨代表で出場して『紅葉《もみじ》』を歌ったことがあるのよ。もちろん鐘を3ついただきました。ちょっとした私の自慢(笑)。子供ながらに誇らしい気分になったのを今でも覚えています。

あと、両親を悩ませていたのが、自分はまだ小学校に上がってないのに勝手に姉たちの学校へ出かけて行ってたこと。うちは小学校とすごく近くて、始業のチャイムが鳴ってから走っても間に合うような距離だったんですね。

で、まだ私が幼稚園に上がる前だから…4歳くらいだったかな。姉たちが学校へ行ってしまうと、そのあとを追って姉の教室に遊びに行ってたらしいの。

上の姉が5年生で、その教室へ「姉ちゃ〜ん!」って言いながら入って行くと、

「あ、みよちゃんが来た！　おいでおいで！」

って、先生が教室に招き入れてくれて。その頃は戦後のベビーブームの時代でひとクラス55人くらいいて、一学年が9クラスもあったんですよ。

で、小学校にどんどん遊びに行っちゃうんだけど、先生が本当にいい人で。自分の机に私を座らせて紙と鉛筆を渡してくれるから、そこで絵を描いて過ごしてました。しかも、先生の給食までちゃっかり食べちゃってたのよ(笑)。

今はそんな学校ないだろうけど、みんなが伸び伸びとしていた、いい時代だったなって思いますね。

でも、姉は私が来るのをイヤがって休み時間に私を家まで無理やり送ってくるんだけど、母が目を離した隙《すき》にまた学校へ行っちゃうの。

きっと、みんなが「かわいいねー」って言って大事にしてくれるから、それがうれしくて行ってたのね。お姉ちゃんに会いたいから行くわけじゃなかったのよ(笑)。

私って小さい頃から物おじしない子でしたよ。緊張した記憶もなくて、アガるとしたら、ピアノの発表会くらいだったんじゃないかしら。

人の前でアガらなかったのは、人が好きだったからだと思う。だから人見知りをしなかったんでしょうね。

間一髪！

私の父親は78歳で亡くなったのですが、実は2回命を助けられているんです。1回目は、父が信仰していた宗教の教祖様に、そしてもう1回は私に。

1回目のときは、忘れもしない私が5歳のときでした。父親が急に腹痛を訴えたので母と私が病院について行ったんですよ。そしたら、盲腸で腹膜炎《ふくまくえん》を起こしている恐れがあるから手術をしないといけないと言われたんですね。

そして、即入院。お医者さんがバタバタと手術の準備を始め、そういう光景を見ていたら、父親も不安になってきたんでしょうね。教祖様に電話を入れたそうです。

「今から手術をします」と告げると、教祖様から驚きの言葉が返ってきました。

「手術をしてはいけない。7枚もの塔婆《とうば》が見えるからやめなさい。それよりも、今すぐ福島の滝に打たれに行きなさい」と。

そこでうちの父親は母親に相談したんだけど、結論は「どうせ死ぬなら病院で死ぬより神様のもとに行って死にたい」。

それで、腹痛に耐えながらひとりでタクシーに乗って福島へ向かってしまったの。

その後、病院に残された母と私がさあ大変！　さすがに母親も病院に「滝に打たれに行きました」とは言えず頭を抱えてましたね。

そして、看護婦さんが呼びに来たとき「目を離した隙に出て行ってしまいました」と謝って、ふたりで家に戻ったんです。だって、病院にいてもしょうがないわよね、父は逃げちゃっていないんだから(笑)。

そのとき父はというと、信者の仲間と合流して、汽車を乗り継ぎ7時間もかけて福島へ行き、脂汗を流しながら険しい山道を登ったそうです。そして、みんなに抱えられながら滝に打たれたの。そしたら、滝から出るときには痛みがまったくなくなって。帰りは、ひとりで元気に歩いて、山から降りて来たっていうからすごいわよね！

その滝に打たれたときに、神様の声が聞こえてきたそうです。

「お前は十二指腸潰瘍《かいよう》だ。山を下りたら〝山帰来《さんきらい》〟という漢方を毎日飲みなさい」

父は、それから亡くなるまで毎日、その漢方薬を飲みつづけていました。

そして教祖様が言うには、父は盲腸を切ってたら失敗して、死んでたということでした。父から電話があったときに十二指腸潰瘍だってすぐわかったそうです。

今思うと、あの教祖様は霊能者としてすごい方だったと思います。

教祖様はもともとは九州出身の方で、山の中の洞窟《どうくつ》でひとり修行を積《つ》んだ方。自分は多くを望まず、ただ人の幸せだけを願っていたそうです。父だけじゃなく、何人もの命を救ったり、予言したり…。いつもは好々爺《こうこうや》のように気のいいおじいさんだったけど、そういった〝奇跡〟を起こすときは眼光が鋭くなってとても怖かったわ。

私のことを「後継者にしたい」と思っていたらしく、両親と一緒に来るようにと言われて小学校に上がるくらいまでは修行をする両親に連れて行かれてました。

大の大人が正座してひたすら手を合わせてお祈りしてる光景は、私にとっては無気味でしかなかった。信者さんが一斉に教本を広げて訳のわからないことを唱えている、それが異様な光景に見えて自分の中でトラウマみたいになっちゃったのよね。

みんな必死に拝んでなんになるんだろう？　あんなにやっても夢なんて叶《かな》いっこないじゃん！って子供ながらに思ってましたし。

父は命を救われて以来、さらに信仰心を強めていったけど、私は一緒に道場へ連れて行かれるのがイヤでイヤで…。それで宗教が大嫌いになっちゃったの。

もう本当にイヤで逃げ回ってましたもん。でも、そんな私が18歳のときにそこで修行をすることになるなんて予想もしてなかった。

まさに〝神のみぞ知る〟だったわね。

月謝とピアノ

「ピアニストになりたい！」というのが、私の小さい頃からの夢でした。

でも、その当時は、どこの家にもピアノが置いてあるという時代ではなかったんです。私の家もその例にもれず、ピアノがありませんでした。

ところがある日、姉たちが「オルガンがほしい！」って言いだして。そしたら父が、ふたりが小学校で同時に級長になったら買おう、と条件を出してきたんです。

もう姉たちはガゼン張り切っちゃって、なんと小学校6年生と5年生で、ふたりとも本当に級長になっちゃったの！　姉たちも大喜びだったけど、私も自分のことのようにうれしかった。だって、うちにオルガンが来るんですもの。

父は約束通りオルガンを買ってくれて、私たち姉妹は大喜びで毎日オルガンを弾いていたんだけど、姉たちは2、3か月で飽《あ》きちゃって。そのおかげで、私だけが弾いてどんどん上達していったのよね。ほら、なんでも楽器が弾けてしまう父の血を受け継いでいたから、独学でもけっこう弾けていたんですよ。

それから私も小学校に入学したんだけど、そこで仲良くなった友達のひとりに、お金持ちの家のひとり娘がいて。遊びに行くと、いつもピアノを弾いていたの。

彼女の家に行かない日も、彼女が練習するピアノの音を、その子の家の塀《へい》にもたれて、外が暗くなるまでずっと聴いてたっけ。そして家に帰って、覚えた曲を思い出しながら弾くの。勉強は苦手な子だったけど、絶対音感があったんだと思う。

そんなことをくり返していくうちに、オルガンはボロボロになって指で押しても音が出ない鍵盤も出てきちゃってね。それでも、一生懸命練習していました。

そして、私が小学校4年生になったある日、親が「習字を習いに行きなさい」って言って月謝をくれたんだけど、私は嘘をついてそのお金でピアノを習いに行っちゃったんですよ。すぐバレちゃいましたけどね(笑)。子供だったから、考えが幼稚と言えば幼稚だけど、私としては「これはいける!」と思ってた。

そうそう、昔のことを考えていたら思い出したことがあったわ。

ピアノを持っていた、その女の子のことなんですけど。小学校のとき、彼女と同じクラスのある男子を見て、フッと「このふたりは将来結婚するかも」って思ったんです。直感みたいなものよね。

当時のふたりは特に仲がいいわけでもなく、中学も高校もふたりは別々の学校に進学したから、あまり会ってもいなかった。高校生のとき、彼女には別のボーイフレンドもいたしね。それで、関係はそのままかと思っていたら、なんと高校卒業後、「なんとなくつきあうことになっちゃった」

って彼女に報告されたの。だから、そのときに冗談で

「もしかしたら結婚しちゃったりしてねー、アハハハハ」

なんて言ってたら…。25歳くらいのとき、本当に結婚しちゃったんです！

「あらっ、私が言った通りになっちゃった！」ってびっくりしましたよ。

彼女の子供はうちの娘と同じ小学校の同級生で。父兄参観のときに会ったら、

「なんで結婚したのか自分でもわからないけど、ずっと一緒にいても飽きないのよ」

って彼女が言ってたんです。そのときに、ああ、このふたりはこうなる運命だったんだなあってわかりました。

神様は修行の意味で、男女を夫婦にさせることもあるけれど、本当の絆《きずな》で結ばれたふたりを夫婦にすることもあるんです。彼女たちの場合は後者だったんですね。

不思議な感覚

小学生の頃の私は誰とでも仲良くしちゃう子だったから、けっこう友達は多かったほうだと思います。

みんなで一緒に鬼ごっこをしたり、家のまわりを走り回ったり元気いっぱいの女の子だったんだけど、不思議なことに小学校の低学年の頃は、自分よりも大きな男の子にも腕力で勝ってたのよ。

たとえばドッジボールをしていても最後まで残ってたり、プロレスごっこをしても男の子を投げ飛ばしたりして、「みよちゃんがいじめる～!」って泣いて帰った男の子もいたくらい(笑)。

技をかけるとかじゃないんだけど、根拠《こんきょ》もないのに勝ちそうな気がすると、なぜか勝っちゃうのよね。

隣の家が農家で、そこの家の広いお庭にロープを張って即席リングを作るの。当時、力道山というプロレスラーが人気でね。今みたいにテレビゲームもない時代だったから、学校から帰ると男の子も女の子も一緒になって、みんなで遊んでましたね。

信じてもらえないかもしれないけど、小さい頃は体操やバレーボールが大得意だったんです。今じゃこんな体だけど、回転レシーブもできたのよ！　運動神経がよくて、すばしこかったわ。

それでね、ひとつ忘れられないエピソードがあるんです。

その日も友達5、6人と鬼ごっこをしていて、鬼の子に追いかけられて必死で逃げてたの。ちょうど、正面から近所のおじさんがやって来るのも気づかないくらいに。

鬼に捕まっちゃいけないって、鬼のほうを見ながら全速力で走ってたら、正面から来たおじさんと正面衝突！　一瞬なにが起きたかわからなかったわよ。

実はそのおじさんは、畑にまく肥《こ》やしを桶《おけ》に入れて担《かつ》いで来てたのね。昔は肥《こえ》だめ（肥料にする糞尿《ふんにょう》を溜《た》めておくところ）があって、肥やしを畑にまいていたんですよ。

それをまともにザブッとかぶっちゃったもんだから、もう臭《くさ》いのなんのって！

だって、頭も体もウンコまみれなんですもん。

そのまま家に帰ったんだけど、私の姿を見たときの母親の絶望的な顔は今でも忘れられません(笑)。

かなり怒られましたよ～。「もっと女の子らしくせんか!」とか説教されながら、お庭でジャージャー水をかけられて、それから銭湯《せんとう》に連れて行かれましたね。

肥やしってすっごく栄養があるのよね。だから太っちゃったのかも(笑)。

その頃のことなんだけど、今思えば小学校1、2年生くらいのときから、なぜか私、人の心がわかっていたような気がします。たとえば、「この子は私のことをこう思ってる」っていうことが、なんとなくわかっちゃうのよ。

今もそうだけど、私は神様の声が聞こえたり、霊が見えたりはしないけど、自分が感じたり思ったことを口にすると、本当にそうなってしまう。小さい頃もそんな感じでした。

一緒に楽しく遊んでいるんだけど、〝この子は私のことを嫌ってる〟とか〝こう思っている〟というのは、本能的にわかってた。説明はできないけれど、相手が発する空気みたいなものを無意識のうちに感じとっていたのかなと思います。

〝こうすれば機嫌がよくなるな〟って、その人への接し方が自然にわかったり。

だから、顔色をうかがうじゃないけど、そういう意味では疲れる子供ですよね。子供らしくなかったかもしれません。ヘンなところで気を使っていましたね。でも、これが自然なことだと思ってたから、悩んだりはしなかったけど。

UFO

不思議な体験と言えば、小学校４年生のときに火の玉っていうのかしら、人魂《ひとだま》を見たことがあるんです。

よく、人魂の正体はリンが燃える現象という人もいるけれど、私が見た人魂は空を自由に飛び回っていました。

しかも、直径30センチもありそうな大きな火の玉がふたつ並んで飛んでいたのよ。

８月13日のお盆の時期で、時間帯は夕方の７時くらい。日は暮れかけていたけど、友達の顔がまだ見えるくらいだったから、真っ暗にはなってはいませんでした。

その日は、仲のいい女の子の友達と３人でかくれんぼをして遊んでいたのね。

「暗くなってきちゃったから、そろそろ家に帰ろうか？」

「うーん、でももうちょっと遊ばない？」

なんて言いながら、私の家の前で話をしていたら、急にけいちゃんという、ひとつ上の女の子が目を見開いたまま固まっちゃって。

「どうしたの？」と、彼女が見てる方角に目をやって…私たちもびっくり！

オレンジ色のような山吹色《やまぶきいろ》のようなキレイな色に、長い尾がスーッとついた大きな火の玉がふたつ、向かいの平屋の屋根の上を旋回《せんかい》していたんです。

ただただ呆然《ぼうぜん》と見守る私たちの前で、3回まわった後その平屋の家の中にスーッと吸い込まれるように入って行きました。

怖い！っていう感覚より、すごくキレイだなあって思いましたね。

向かいの家は、その年が新盆《にいぼん》（故人が死んでからはじめての盆）というわけではなかったけれど、お盆だったから先祖の霊が様子を見に帰ってきたのかもしれないわね。

けいちゃんももうひとりの子も、そういう力がある子たちではなかったのだけど、私が不思議な体験をするときは、必ずほかの誰かと一緒のときが多いんです。

というより、私といると、そういう不思議なことが起きるとよく言われます。

私が30代に入ってからの話になっちゃうんだけど、当時住んでいたマンションの駐車場で4、5人のご近所の奥さんたちと立ち話をしていたの。

すると、駐車場から見える山の上に、クラゲの頭みたいな形の飛行物体が、オレンジ色の光を放ちながら上がったり下がったりフワフワと異常な動きをしてるのよ！

飛行機やヘリコプターだったら空を横切るように飛んで行くのが普通じゃない？それが、軌道がはっきりしない変わった飛び方をしているんですよ。

「あれっておかしいね、普通の光じゃないよね、山の上だしね」

「ＵＦＯじゃない？」

なんて言いながら、固唾《かたず》をのんでジーッと見ていたの。

そして…5分くらいかな。もしかしたらもっと短い時間だったかもしれない。しばらく見ていたら、私たちの目の前で、突然光が、パッと消えちゃったのよ！

遠くに行って見えなくなったとかじゃなく、瞬《まばた》きしている間に消えちゃった感じ。「今の見てたよね!?」なんて、思わず夢中で、みんなが確認しあったほどでした。

飛行機だったら、そんな急に消えるはずもないし、あれはＵＦＯだったと思うわ。

私たちに存在を知らせるために姿を見せたんじゃないかしら。私ね、ＵＦＯって、見ても驚かないでわかってくれる人の前にだけ姿を現すのかなって思ってるの。

あれ以降、ＵＦＯの姿は見てないけど、またきっと私の前に姿を見せてくれるだろうなっていう予感がしています。

初恋

お転婆《てんば》なわんぱく少女時代の話ばっかりしてきたけど、中学生時代はすごくおとなしかったんですよ。

人生の中で一番おとなしかったかもしれない(笑)。

というのも、中学に入ってから好きな男の子ができたんです。

隣のクラスの子で、学級委員をやっていたユウくんっていう男の子。…なんだか、初恋の話って照れるわね(笑)。

私は中学のときから背が低くて、並ぶときは前から2番目だったんですよね。

で、学級委員は朝礼のとき、一番前に並ぶことになっていたの。だから、ユウくんがいつも私のななめ前に立っていたんですよ。

中学校は、別の小学校からも生徒が集まってくるから知らない子も大勢いるのね。

ユウくんもほかの小学校から来た子だったから、全然接点がなかったの。だから、中学に上がってすぐ、はじめて彼を見かけて〝カッコいい人だな〟って一目ぼれ。ところが、気になりだすとなぜかいろんなところで彼と会うようになるんです。同じクラスでもないし意図的に彼を見に行くわけでもないのに、廊下ですれ違ったり、校庭でバッタリ会ったり。登下校のときに一緒になることも多かったなあ。ユウくんのことを思うと彼が目の前に現れるので、〝これはもしかして赤い糸？〟なんて思ったりしてね。

無意識のうちに〝ユウくんに会いたい〟って念じていたのかもしれません。

でも、自分の気持ちは誰にも言わず、心の中にそっとしまっておいたんだけど、私の耳にユウくんの噂《うわさ》が入ってくるのよ。

成績優秀で、テニスがうまくて、明るくてやさしくて、もう完璧《かんぺき》な人だって。

その情報を教えてくれたのは、ユウくんと同じクラスだった私の幼なじみの女の子。でも…。実は、その子もユウくんのことが好きだったんです。

ますます自分の気持ちが言えなくて、「みよちゃんは誰が好き？」って聞かれたとき、たまたま通りかかった男の子を、「あの子だよ！」なんて言っちゃったの。

そしたら、その男の子もユウくんと同じクラスの子で…私も罪な女よね(笑)。

それだけならよかったけど、その幼なじみが、私が嘘で好きだって言った男の子との仲を噂して、学校中に広めちゃったんですよ。おかげで、彼には悪かったけど、それから3年間、ずっと噂のカップルにされちゃったわ。

あの頃は純粋だったから、幼なじみの女の子にはなにも言えないし、私も人がよかったのか友達から彼を奪い取ろうという発想すらなかったし。

彼女がユウくんのことを楽しそうに話すたび、心が張り裂けそうになって、彼女のテンションが高くなるほど、私の気持ちは逆にどんどん落ち込んでいっちゃって…。

あの頃流行《はや》ったドリフターズの『ドリフのズンドコ節』が、頭の中を駆け巡ったのを覚えてるわ。汽車の窓から手をにぎり〜、送ってくれた人よりも〜♪ってね、自分と重ねあわせてました(笑)。

そんな自分の気持ちをはっきり言えなかったわりに、友達の恋愛相談はよく受けてましたね。なんとなく話しやすかったのかな。で、それが不思議と私の言った通りにその後なったりするんです。それで、よく当たるって、評判になったりしてました。

勘《かん》がいいとか、まぐれだとか自分では思っていたけど、「こうしたらいいんじゃない？」なんて、なんの気なしに言ったことがうまくいって、お礼を言われたりして。

ちなみに、勉強のほうはさっぱりダメ。いつも鉛筆を転がして、まさに神頼みでした(笑)。〃神様、どうか山が当たりますように！〃ってお願いしてた。それで、たまには試験の山が当たるときもあったけど、神様はそんなに甘くはないわよね。

さよなら、ユウくん

ユウくんへの気持ちは誰にも言えないまま過ごしていたある日の昼休み、同じクラスの男の子が、校庭にいた私に向かって声をかけてきたんです。

「おーい、みよこ、ボールを落としたからこっちに投げてよー！」って。

私のクラスは2階にあったんだけど、ちょうど自分のクラスの下を歩いていたの。

私は「投げたら危ないよ」って言ったんだけど「大丈夫だから投げて」って言うものだから投げたら、なんと2階には届かずに1階の美術室の窓に当たって窓ガラスを割っちゃったんですよ！

運動神経がいいのが自慢の私としては、自信満々に投げたのに1階のガラスを割るなんて！　かなりショックでしたよ。

でも、ここからがドラマなんです(笑)。

私が慌《あわ》てて職員室へ謝りに行ったら、先生が片づけておくようにって言うから、急いで美術室に向かったんです。ところが、教室に着いたらもうガラスの破片がキレイに片づけられているのよ。

「え、なんで？」と思って廊下に出てみたら、私の憧《あこが》れのユウくんがちりとりとほうきを持って向こうから歩いて来るじゃないですか。

たまたま美術室はユウくんのクラスの掃除担当で、私がガラスを割る一部始終を彼が見ていたみたいなんです。

そこで、生まれてはじめてユウくんとしゃべることができたの。

「もしかして片づけてくれましたか？」

「うん、もう片づけておいたから、大丈夫だよ、気にしないで」って。

その爽《さわ》やかな笑顔と、さりげないやさしさにますます好きになっちゃったわ。

もう、そこでユウくんにノックアウトされた私は、中学に入ってから始めたバスケットボール部をやめて、合唱部一本でやっていくことを決意したんです。

というのも、彼が所属していたテニス部は校舎の真ん中にコートがあったのね。

でも、バスケ部は体育館での活動だったからテニスコートからは遠かったのよ。

でも、合唱部は音楽室で活動していて、テニスコートが見える場所に近かったから、いつでも彼のことが見えると思ったの。

とても安易な理由だけど、恋をした女の子なんてそういうものですよね。

ところが、私の盛り上がった気分とは裏腹に2年生になる直前に、ユウくんが転校することになってしまったんです。

ここがパワーを発揮するところだったかもしれないけど、実は彼としゃべるようになってから、私の中では彼はもうすぐ遠くへ行ってしまうって感じがしていました。

ちょうど2学期の終わり頃に音楽室の窓ガラスを割ってから、全然しゃべったことのなかったユウくんと会話を交わすことができるようになって舞い上がっていたけど、フッと「私がこんなにいいなって思うってことは、転校しちゃうんだな」って。

私って、フッとなんの気なしに思うことが、本当になったりするんです。ユウくんのときも思った通りになってしまった。

中学2年生になる目前の3月に、ユウくんは前橋に転校してしまいました。

転校の話を聞いてからは毎日泣いてたけど、結局、ユウくんには自分の気持ちを伝えられないままでしたね。でも、それから5年間くらいずっと好きでしたよ。

あれから会ってないけれど、こういうのはキレイな思い出のままがいいわよね。

第二章

神様見える、かも？

小学１年生。友だちのとみちゃん(左)と

挫折

中学卒業後は、自宅からバスで片道40分かかる女子高の普通科へ進学しました。

そこで私は、運命の出会いをしました。高校1年生の担任が音楽の先生で、私のピアノの才能を見いだしてくれた恩師なんですよ。

その先生は、うちの母親に、音楽大学で私が学べるように進言してくれました。

「おたくの娘さんはピアノの才能があるので、このままではもったいないから音楽の道に進ませたらどうだろうか？」って。

うちにはピアノがなかったから、早朝から学校へ行ってピアノを弾いていたし、放課後も合唱部に所属しながらピアノを弾いていたことを、先生は知っていたんですね。

母親はなにも知らなかったから、先生からはじめて聞いてびっくりしてましたよ。

それで、私も自分の真剣な気持ちを話したんです。

そしたら、上の姉が「私はもう就職したし、私がピアノを買ってあげる」ってアップライトピアノを買ってくれて。本当にうれしかった！　それまで、家では、ほとんど音の出なくなったオルガンを弾いていたから。

そこからは本当にいい先生と巡《めぐ》り合って、東京へ週に1回ピアノを習いに行ったり、山梨大学の教育学部の教授からレッスンを受けたりもしました。山梨大学の先生は自分の大学に私を誘ってくれたんだけど、私としては東京の音楽大学に進学したかったの。

それで高校3年生の2月、ダメもとで音楽大学を受けたら、なんと受かったんです！

私としては、もう東京に行く気満々で、東京の先生が下宿先やピアノの家庭教師のアルバイトまで探してくれて、もう準備万端だったんですね。

ところが、前の年に上の姉が結婚していて、次に下の姉も春に結婚が決まっていたから、うちには私の学費を出す余裕がなかったんです。

「入学金を納めることもできないから、この家を売るしかない」

そう言われてしまったの。でも私は、アルバイトをしながら学費を稼ごうとまで思いつめて…。

うちの親は田舎の人だから、東京に行ってもろくなことにはならないとか、お金がなくて行けばおかしなことになるとか、都会の誘惑に負けるとかそういうことしか頭になかったのよね。私はどうしていいのかわからなくて、毎日泣いてばかりでしたよ。

それで、栃木の伯母のところへ1か月だけ家出しちゃったの。自分の気持ちをわかってほしくて、親に反発しちゃったのね。

実は私は音大のほかに、県庁の就職試験も受けていて、そこも受かっていたんです。お勤め先はあったのよ。だから、両親としては県庁に就職してほしかったみたい。

でも私は、どうしても音大に行きたかったの。プロのピアニストになって、海外を演奏旅行することが小学校からの夢でしたからね。

そのために音大を受けたのに、学費が高くて払えないなんて…。悔しかったなあ。

母親は家出した私を連れ戻すいい方法はないかと、音楽教室の知り合いに相談したらしいんです。そしたら、エレクトーンの先生ならすぐに資格が取れて、教室を開いて教えられるからという情報を聞いてきて、「エレクトーンなら買ってあげるから、すぐ帰ってきなさい」って電話をしてきたんですよ。

それを伯母に相談したら、「それもひとつの道じゃないの?」って言われて、それで音大を諦《あきら》めて実家に戻って就職をしました。

これは、私の生まれてはじめての大きな挫折でしたね。

証拠を見せて

音大に受かったのに行けないんだから、神も仏もあったもんじゃない！って思っていたのがちょうど高校を卒業してすぐの18歳のとき。

「本当にピアニストになりたいんだったら、修行すれば神様が夢を叶《かな》えてくれるよ」母にそう言われて、教祖様のところへ連れて行かれたんです。「これで夢が叶うなら！」と、すっかり信じた私は、喜んで教祖様のもとへ行きましたよ。

それで、水をかぶってお百度参りをして「ピアニストになりたい、ピアニストになりたい」と念仏のように唱えて、必死で修行に励みました。

参拝者のいなくなった夜の9時に母と一緒に神社へ行って、まずは7日間黙々と修行しました。7日間が終わったので、教祖様のところへ報告に行ったら「7日間で願いが叶うわけがない。あと7日間修行に励みなさい」と言われたんです。

私はなにも言えず、また7日間同じことを続けました。そして、それがやっと終わったところで、今度は「21日間続けなさい」って言われたの。

私は母に「ちっとも夢が叶う気配《けはい》なんてないじゃん」って文句を言ったんです。

そうしたら母が「でも、神様がまだ修行が足りないって言ってらっしゃるし…」と言うから、これはヘンだなと思って問いつめたら、私に嘘をついて修行をさせていたことを白状したんです。

その修行は実は私の夢を叶えるためのものじゃなくて、その宗教の後継者としての修行だったんです！

そりゃもう、激怒しましたよ。

「なによ？　後継者って？　私はそんなものになりたくて修行したんじゃない！　やりたくない、神様なんかいるわけない！　神様なんて大嫌い！　絶対いない！」

すごい剣幕《けんまく》で母親に悪態《あくたい》をつきましたね。私、怒ったら怖いのよ(笑)。

でも、母親も気が強い人ですから、そんなことで怯《ひる》む人じゃなかった。

私の手を引いて、うちの近所の住吉神社に夜連れて行って、社《やしろ》の前で
「どうかこの子に神様がいることを教えてください、証拠を見せてやってください」

そう言いながら手を合わせたの。

私もプリプリ怒ってはいたけれど、そのときは静かに手を合わせました。

すると、どうでしょう。私の右側で、ジャラジャラジャラと神楽鈴《かぐらすず》(巫女《みこ》さんが神楽舞《かぐらまい》を行うときに使用する鈴で、下から七五三の順に鈴がついている)が鳴って、ぽっくりを履いた人がこちらに向かって歩いてくる音が後ろから聞こえてきたんです。

私たち親子しかいない、シーンと静まり返った夜の神社。そこに、ザクッザクッてすごく大股《おおまた》でこちらへやってくる足音……母とふたりで顔を見合わせて、振り返ったけど誰の姿もなかった。向こうには真っ暗な闇が広がっているばかり。

それで教祖様にその日の夜の出来事を話したら、顔色ひとつ変えずに、「それは神様がここにいるぞってことを伝えてくれたんだね」って言われたんです。

私としては「へー、あれがそうだったんだ」って、ちょっとは感動しました。でも、だからといって修行に励もうとは考えなかったですけど。

それから二度と教祖様のところへは行きませんでしたが、ちょうど私が22、23歳くらいのときに、その教祖様が亡くなったんです。

そして亡くなったのをきっかけに、それまで熱心に信仰していたうちの両親もその宗教から、だんだん足が遠のいていきました。

教え子たち

公務員になってからは、勤めながらエレクトーンの勉強をしました。県庁の近くに音楽教室があったので、仕事の帰りに通って1年くらいで先生の資格を取りました。あんなに真面目に勉強したのは、あのときが最初で最後(笑)。

県庁での仕事は、秘書課に在籍していたんだけど、東京の晴海に物産展があるとよく出張に行ったりしてましたね。

仕事はそれなりに充実していて楽しかったけど、やっぱりピアノへの思いは断ち切ることができなかったから、夜はパブで演奏させてもらったり、日曜日には結婚式場でエレクトーンを弾いてアルバイトをしてました。

でも公務員というのは、原則アルバイトが禁止なのよね。今は厳しくなったけど、その頃はまだのんびりしていて、上司もしばらく見て見ぬふりをしてくれていたの。

私もそれに甘えて、3年4年と二足のわらじでやっていたけど、さすがに目をつぶっているのも限界と思ったのでしょうね。ある日上司に会議室に呼び出されました。

「このまま両方を続けられるとこちらとしても困るから、商工会議所のほうで臨時職員という形で働いてもらうのはどうだろう？」

と言われて、そのひとことで公務員を辞める決心がついたんです。

「そうだ、やっぱり私は大好きな音楽で生きていこう！」って。

それからは、エレクトーンを近所の子供たちに教えたり、結婚式場で3宴くらい掛け持ちで演奏したり、夜はパブでカラオケの替わりにお客さんのリクエストに合わせて伴奏をしたり、音楽漬《づ》けの毎日でしたよ。

でも、パブのほうはストーカーみたいなお客さんにつきまとわれて怖くなって辞めちゃったけど。まだ私も21、22歳くらいだったから若くてかわいかったの(笑)。

そして、私にも転機が訪れるんです。

私は自分の勉強のためにと、東京である有名なピアノの先生からレッスンを受けていたんですね。そしたら、

「あなたには教えてあげる特別な力があるから、ピアノを子供たちに教えなさい」

と、その先生に勧められました。さらに、

「あなたは魂の高い人だから、子供の頭をなでるだけでいい生徒が育つわよ」って。この言葉にはびっくりしましたね。〝え、頭をなでるだけでいいの⁉　そんなに簡単に上達するの！〟って(笑)。

「なんでそんなことがわかるんですか？」って聞いたら、

「実は私には超能力みたいなものがあって、それでわかるの。あなたに教わったお子さんはみんな上達するわよ。とにかくあなたは頭をなでてあげなさい。あなたは音大に行かなくてよかったわね。そこに行ってたら今のあなたはいなかったわ」

そう言われても半信半疑だったけど、実際に頭をなでてあげると、5歳くらいで突然『エリーゼのために』が弾けるようになったり、コンクールでいい成績をおさめたり、音楽教室の先生になったり、中にはピアニストになった生徒もいたり。

「あなたの手からはすごいパワーが出てる」とその先生に言われても、私には見えないから、自分としては「なんでだろう？」と、ただジッと手を見つめるだけでした。

それから、レッスンに来る子供のお母さんが、世間話程度に自分の悩みや愚痴《ぐち》を言うんですけど、「こうしたらいいんじゃない？」とか「きっとこうに違いないわよ」って、フッと言ったことが、なぜかいつもいい方向にいくことに気づいたんです。

子供のいじめや経済的なこと、夫婦仲のこととか、いろいろあったけど、相談に乗ってあげたらその後うまくいくし、私が言ったことがそのまま現実になるって、お母さんたちから、だんだんと私の評判が広がっていくようになりました。

ツゲの櫛《くし》

上の姉は私が17歳のときに建築関係の人と結婚したんだけど、私が20歳のとき、その義兄さんが、自分は仕事で慰安《いあん》旅行に行けないから代わりに行かないか？って、声をかけてくれたんですよ。

ちょうど旅行の出発日が、1月7日だったかな。

当時、まだ一回も海外に行ったことのなかった私はもう大喜びで、友達を誘って旅行に行かせてもらうことにしたの。

で、その頃はまだ県庁に勤めていたんだけど、昔から仕事始めの日は女性社員はみんな着物で出社するという習慣があったんです。

公務員は4日の仕事始めに、全員で写真を撮るんですよ。

それで着物を着て行かないといけなかったから、1月3日に美容院に行って髪を結ってもらって、翌日は着付けのために早く起きないといけないから、ツゲの櫛を部屋のステレオの上に置いて、早々と9時くらいには、布団の中に入って寝たんです。そして翌朝。目が覚めてステレオの上の櫛を見たら…。なんと、櫛がスパンッ！と真っ二つに、きれいに割れてるじゃありませんか！

「えっ…！　なによ、これ！　誰かが落として割ったの？」

って思ったんだけど、家族は誰も覚えがないって言うし、切り口を見ても本当にきれいに割れてるのよ。

誰かが故意に割ったようにも見えないし、落としたわけでもなさそうなの。

旅行に行くのが7日だったし、なんだかイヤな予感がしたから母親に相談したんです。そしたら、教祖様のところへ割れた意味を聞きに行こうということになって。ふたりで出かけて、事情を話しました。

「これは飛行機の事故があるから、乗るときには気をつけるようにと神様からの忠告だ。あなたは重要な使命がある人だから、死なせるわけにはいかないと言ってる」

私は教祖様にそう言われたのね。櫛が割れたのは、旅行に行くときは注意しろという警告だったのよ。

櫛が割れた理由もわかって、教祖様がお祈りをしてくれるとおっしゃってくださった。出かける前に、私が神社へお参りに行けば大丈夫だと言われたので、出発前に近所の氏神様《うじがみ》（その土地を守る神様）のところへ行って、しっかりお参りをしてから出かけました。

でも、お参りをすれば大丈夫と言われても、やっぱり飛行機に乗るのは怖かったわよね。けれど、私の不安をよそに、行きはなにごともなく着いて「やっぱり神社へ行っておいてよかったな」なんて思いながら、旅を十分に満喫《まんきつ》しました。

ところが、帰り道。飛行機がなかなか出発せず、どうしたのかと思ってたら「エンジントラブルで離陸できなくなった」とアナウンスが入り、1日延泊することに…。あとから聞いた話なんだけど、もしそのまま飛行機が出発してたら1時間後には墜《つい》落《らく》してたらしい。そのときは、さすがにゾッとしましたね。

このツゲの櫛が割れたというのは、予知の一種だったのでしょう。なにか不吉なことが起こるときに、前もって神仏がお知らせしてくれることがあるんです。

たとえば、出かける前に電話がかかってきて、一本電車に乗り遅れたら、乗るはずだったその電車が脱線事故にあった…とか、九死に一生のような話を聞いたことは、ありませんか？　それは守護神や守護霊の力に助けられたということなんですよ。

運命の人

私は結婚も離婚も経験しているから、結婚生活がうまくいかなくて苦しんでる人の気持ちがよくわかるんです。

私はね、お見合い結婚でした。写真を見たときから、直感で「あ、この人とはダメ」ってピンッときたんです。だから、仕事が忙しいだとか、ピアノの発表会があるだとか言い訳をして、2年くらいずっと逃げ回っていました。

それなのに、彼のほうはほぼ毎日のように電話をくれていました。私は居留守《いるす》をつかって出ないことのほうが多かったけど。

でも、このままズルズルいくのは、相手にも悪いしきっぱりお断りすることにしたんです。それで、紹介してくれた方に「おつきあいできませんので、もう連絡はしないでください」と彼に伝えてもらうようにお願いしました。

ところが、そう言ったはずだったのが、どこでどう間違えたのか「みよちゃんは、友達だったらいいって言ってますよ」に変わってたの。

そんなとき、学習塾をやっている従兄弟《いとこ》に「新しく開講する塾の場所を探してるんだけど、それを彼に頼んでみてくれないか」ってお願いされてしまったんです。

彼は電気会社を経営していたので、土地のことに詳しかったの。

私は頼まれごとをしたらすぐ引き受けてしまうところがあるのよね。だから、紹介だけしたらもう連絡を取らないようにしようと思って、彼に電話を入れたんです。

そしたら彼は、とっても一生懸命に、ここぞとばかりに探してくれて(笑)。その献身的な態度を、うちの両親がものすごく気に入っちゃったのよ。

私も流されるタイプなので、そこまで親が言うなら悪い人じゃないかと、おつきあいする前に結婚を決めてしまったんです。

あんなにイヤがってたのに不思議よね。

写真を見て一度会っただけで、「この人嫌い」って最初から拒絶していたのに。でも、そのあとすぐに「そう言いながらこういう人と結婚しちゃうんだろうなあ」とも同時に思ったの。こんなに私が人のことを苦手って思うのは今までの人生でなかったから、これはきっと結婚するに違いないって逆に思ってしまった。

ヘンよね。普通の人は好きで好きで、この人と結婚したい！と思って結婚するんだろうに。

私みたいな人間は大変なんですよ。普通の幸せには縁がないみたいなの。

赤い糸で結ばれたふたりが結婚する場合は、一緒にいてもまったく違和感を抱かないものなんです。同じ空気を吸っていても肩もこらずに一緒にいられるんですね。まったく緊張しないで、自分をさらけ出せる人が本当の魂が合ったふたりなのよ。

逆にヘンな高揚感《こうようかん》で勘違いして結婚してしまう人も多いんだけど、それは魂の居心地が悪くてドキドキモヤモヤしているのが、「好き」という感情だと勘違いしてしまったってことなんです。

だからこの人が運命の人だわ！と思っても、よく見定めてくださいね。そうしないと、後悔することになるから、慎重になってほしいと思います。

魂が合った人同士は、お互い認めあってるから何年一緒でも冷めない。だから、結婚の適齢期は早い遅いは関係ないの。幸せになる年齢は、人それぞれ違うんです。

結婚生活はすべてが苦しかったけど、今になってやっと、私の肥やしになったと思えるようになりました。

イヤな予感

私が結婚したのは26歳のとき。11月3日の文化の日でした。天気は曇ってたかな。まるで、私の気持ちを反映するかのような天気でしたよ(笑)。

もちろん、両親や姉たち、親戚の人たちはとても喜んでくれましたね。田舎のほうは25歳を越えて結婚していないと、近所でよからぬ噂《うわさ》を流されたりして、けっこう肩身が狭くなるんです。

だから、家族には早く結婚してほしいと思われていたし、彼はなんと言っても私に毎日連絡をくれるようなやさしい人。自分でも事業をしてるからお金にも困らないし、親としては願ったり叶《かな》ったりの完璧な人だったのでしょう。

おつきあいをする前に結婚を決めてからは、とんとん拍子に式の日取りも決まって、なにかを考える暇さえないくらいあっと言う間に過ぎていきました。

結婚式は親族や友人を呼んで行なったんですけど、それなりに幸せそうな花嫁さんに見えたと思います。そのときばかりは私もジャジャ馬な顔は封印して、おしとやかなお嫁さんになってましたからね(笑)。

で、そろそろお客さんが待つ式場へ！という段となったのに、彼の姿が見当たらないの。しばらく待機していてくださいと、式場の方から連絡があったんです。

どうしたのかしら？と心配していたら、彼が汗びっしょりで息も荒く控え室に走り込んできました。

「一体、なにがあったの？」

びっくりして彼に聞くと、

「実は、きみの待つ控え室に向かおうと階段を上っていたら、袴《はかま》の前を踏んでしまって前の部分がビリビリビリッて全部破れちゃったんだよ。だから、自分で新しい袴を買いに行ってきたところなんだ」

私は思わず絶句して青ざめてしまいました。そして、

「あ、この結婚は長くは続かないな」と悟りました。

結婚前から不謹慎ですけれど、彼と出会ってから感じつづけてきたモヤモヤとした不吉な思いは、確信に変わっていったのです。

不思議なことに、他人に相談されると相手の考えてることや解決策が閃《ひらめ》くのに、私は自分のこととなると、まったくわからなくなるの。だからこそ、私には結婚生活というものを一度経験する必要があったのかなって今となっては思います。

だって、日々好き勝手にのんびりとお気楽に暮らしていたら、人の痛みなんてわからない人間になってたでしょうから。

辛《つら》い経験をすることが、これからの私の人生には必要だったんだって思います。

そりゃ、もちろん最初の頃は幸せでしたよ。彼は、

「きみは好きなことをやっていいよ。仕事は僕がやるから、きみは好きなピアノを弾いて生徒さんたちに教えればいい」

って すごく理解してくれてたし。でも、彼の仕事が忙しくなってくると態度も少しずつ変わってきてしまった。

「たまには僕の仕事を手伝ってよ。きみは好きなことだけやっていていいよね」

とイヤミを言ったり、気に入らないとイライラして手が上がるようにもなって…。

私もピアノ教室をやってたから自分でも稼いでいたし、彼からも生活費をもらっていたからお金には困らなかったけど、心はいつも寂しい思いでいっぱいでした。

特に彼は宗教みたいなものが嫌いで、私が朝晩に神棚に手を合わせているのがおもしろくなかったみたいなの。

私も特定の宗教は嫌いだったけど、神様に感謝する気持ちをもつことは大切だと常々思ってた。だから、「いつも元気でいさせてくださって、ありがとうございます」という感謝の気持ちを唱えていたんです。

そうしたある日、神社に行ったときにいただいたお札《ふだ》に手を合わせていたら、彼が「こんなもんに祈ってなにになるんだ！」ってそのお札を玄関に投げ捨てたのよ。

すると、たまたまお札が彼の靴の上にバラバラッと落ちて、彼はそのままお札を踏みつけて会社へと出かけて行きました。私は、逆《さか》らったらまた殴られると思ったので、反論せずに黙って残りのお札を拾いました。

後日判明したのですが、なんと、その日彼は足に激痛が走って歩けなくなり、会社を休んで仲のいい友達の家へ行って、一日中寝かせてもらってたんだそうです。

それを、その友達の奥さんから聞いてびっくりしました。

「俺がお札を投げたからこんなことになったのかもしれない」

って、彼が友達に言ってたそうです。

私も罰が当たったのだと思いました。そして、それを機に彼との間にはさらに亀裂《きれつ》が入っていくようになり、言葉を交わすことすらなくなってしまったのです。

私たちの間には3人の子供がいるんだけれど、私の中では、彼との夫婦生活はもう終わったと思っていたので、子供が思春期を迎える前に離婚をしたほうがいいと考え始めました。

それで、一度大げんかしたときに、離婚届を突きつけて、いずれ使うことになるだろうとサインをもらって、ずっと取っておいたんです。

その大げんかから1年後にマンションを見つけ、少しずつ家財道具を運び出し、万全の態勢を整えたところで子供たちを連れて家を飛び出しました。そして、離婚届を提出したんです。

離婚する直前に、実はある占い師のところへ相談へ行ったのだけど、「旦那さんはお金と縁のある人だから、一緒にいればお金には一生困らないだろう。お金で苦労したくなかったら、我慢してこの人と一緒にいたほうがいい」って言われた。

でも、私はお金だけでつながってるのがイヤだったの。そこには愛がないから。

そして、私は7年続いた結婚生活にピリオドを打ったんです。

前世は源義経《みなもとのよしつね》

なんとなく私の口からついた言葉が、相手を驚かせてしまう…という体験は、今まで何度もありました。

でも、私が30歳くらいのとき、自分自身も本当にびっくりする体験をしたの。

ある日、女友達から一緒にランチをしようって誘われたんです。それで、約束の場所に行ってみたら、彼女と一緒に18歳くらいの男の子も来ていて。

よく話を聞いたら、その彼はアルバイト先で知り合った男の子。ふたりっきりでランチをするのも気まずいからって、私を誘ったらしいのね(笑)。

そしてランチ中、なんの流れでそんな話になったか、今では思い出せないんだけど、私が冗談っぽく「あなたの前世（この世の前に生きていた世）は、源義経だったりして！」ってその男の子に言ったら、急にその子が真剣な顔になったんですよ。

気分でも害しちゃったかなと思って「どうしたの？」って聞いたら、

「実は、僕が5歳のときに公園で遊んでいたら、見たこともないおばあさんに〝あなたが18歳になった頃に、あなたの前世を教えてくれる人が現れますよ〟って言われたんです」って。

見たこともないおばあさんというのは、たぶん霊能者の方だったんでしょうね。彼に教えるには、まだ年齢が若すぎると思ったのだと思います。

彼はそのおばあさんの言葉がずっと気になっていたらしくて、私から「源義経の生まれ変わり」と言われたことがよっぽどうれしかったんでしょう。両親に自分の前世がわかったことを話したらしいんです。

そうしたら、なんと彼のご先祖は、源家だったそうなんです！

その子は背が小さい子だったんだけど、会ったときに牛若丸が見えたんですよ。うーん。見えたと言えば見えた、わかったと言えばわかった、感じたと言えば感じた、そんな感じなんですけどね。

見えないけど誰かに言わされてるような、口がすべってつい言っちゃった！っていうような感覚って言えばいいのかな。フッと言ってしまっただけなの。

私は、今でも必要に迫られたら前世をお伝えすることがあります。それは今生きてるうえで前世が障害となっている場合は、ということです。前世を知りたがる人も多いけど、知ってそれをどう生かすかということが大事だと、私は思うんですよ。

前世が誰だったかというのはそんなに重要なことじゃないんです。今、自分が今世でなにを修行すべきなのか気づくことのほうが一番大切なことなんですから。

そして、前世と守護霊というのは、違うんです。

もちろん、前世が守護霊となって守ってくれるという人もいますけどね。

18歳の彼の場合は、前世が源義経で守護霊はまた別でした。

また、守護霊として源義経がつく人もいるんです。霊には時空《じくう》がないので、同時に複数の人の守護霊になったりすることもできるの。

あと、私は守護神もわかりますよ。必ず、ひとりに少なくても一体の神様はついて守ってくれているんだけど、ついていても働いてくれてないことのほうが多いのね。

なぜかと言うと、神様に動いてもらうには、信じることと努力と感謝することが必要なんです。

自分は努力しないで、「神様、お願いします！」なんて言ってばかりじゃ、神様は応援してくれないんですよ。

占いめぐり

結婚生活が幸せなものではなかったことは前にもお話ししましたが、幸せじゃないときや不安なときって、なにかにすがりたくなりませんか？

そう、私も離婚するまでの2、3年は占いにハマりました。

友達や、ピアノ教室に来る生徒のお母さんの相談や悩みはすぐに解決できたのに、自分のこととなると、まったくダメ。どっちへ進めばいいのかさっぱりわからない。

それで「あの占い師はよく当たる」だとか「あそこの霊能者はオススメ」なんて言われると、すっ飛んで行ってましたよ。まさに〝占いのはしご〟でした(笑)。

で、何回か見てもらっていた霊能者がいたんだけど、ある日見てもらいに行ったらその方の横に見かけない顔の男性が座っていたの。

誰かしら？と思っていたら、その人は山梨医大の学生さんらしく、霊能者の方が言うには「この学生は不思議な力をもっている」ということでした。

その〝不思議な力をもった学生さん〟は私に直接言葉をかけるわけではなく、霊能者の耳に向かってボソボソとなにごとか言ってるんですよ。

そうしたら私、びっくりすることを言われちゃって…。

「この人はここに来なくてもいいんじゃないか。こういうところにはもう行かないほうがいい。あなた自身が神様の魂だから」

口が開いたまま、なんて返したらいいのかわからず言葉を失いました。すると、

「あなたの前世は最澄《さいちょう》（日本に天台宗を開いた僧）で、亡くなった後、神様になられたが、あなたには使命があってこの世にまた降ろされた。そして、今後あなたのところへは数珠《じゅず》つなぎの行列ができて、すごい人が集まってくるでしょう」と。

さすがに自分の耳を疑いましたよ。あまりにも想像できないことだったし、当時の私には理解できなくて、ただ「へー」とか「ほー」とか返事をするだけでした。

それから、さらに「この世の中をよくしていくために、あなたの力をぜひ貸してください」って言われたんです。

そのときの私は旦那と別れたいということだけで頭がいっぱいでしたから、人のために生きるなんて考えられませんでした。なので、丁重《ていちょう》にお断りして、そこにはそれ

っきり行かなくなってしまいました。

ある有名な姓名学の先生に見てもらったこともあります。この方は、私の母の友達の息子さんで、病弱で肺炎を起こして入退院を繰り返してたときに名前に興味をもって、姓名学を学んだという方なんですね。

それで、旦那の名前を変えたほうがいいか聞きに行ったら、「あなたが結婚したこと自体、不思議なことだ」って言われて。

もうとにかく、ありとあらゆるいろんな占いを見てもらったんですけど、まず言われるのが、「あなたと合う人を見つけることは、なかなか難しいですよ」ってこと。「一緒になっても、すぐ離婚します」、そうひとことだけ言い放つ人もいました。

こうして占いのはしごをしたおかげで、占ってもらう人の気持ちもよくわかりましたね。中には素晴らしい先生にも出会いましたが、「あなたのここはダメ」とか「無理ですね」と言うだけで、解決策を言ってくれない人も多かったんです。悩みのある人は、今の現状から抜け出すためにどうしたらいいのかを聞きたいのにね。

だから私は、解決策や対処法などを、できるだけみなさんにお伝えするようにしています。これもやっぱり体験してみないとわからないことでしたね。

その後、友達から「2回行ったけど、2回とも当たったわよ」と勧められて伺った霊能者のところで、衝撃的な体験をすることになるんです。

もう来ないで

山梨県の小淵沢《こぶちざわ》によく当たる霊能者がいると友達から聞き、行ったことがあります。

その友達が言うには「とにかくダメな場合は見てもらえずにその場ですぐに帰されるらしいから、帰された人はもう救いがないと思ったほうがいいわよ」――。

だから予約の電話を入れたときからドキドキでしたよ。

そして当日。まずは8畳くらいの部屋に通されたの。私は座ぶとん一枚置かれた畳に座り、霊能者の方は一段高くなったところに、簾《すだれ》のような白い布がかけられた向こう側に座ってらっしゃった。高貴な気配《けはい》を漂わせた40代のキレイな女性でしたね。

まず「名前をおっしゃってください」と言われて名前を言ったら、なにも言わず便せんを取り出して、そこになにごとか書き始めたんです。それを封筒に入れて、

「私が申し上げたいことはここに書きましたから、家に帰ってから読んでください」

「えっ？　直接見ていただけないんですか？」って思わず聞いちゃいましたよ(笑)。

離婚のことや将来のことについて聞きたいことがたくさんあったのに、「お帰りください」って言われたのがもうショックで。

「どうしても見ていただきたいんです！」と食い下がったら、その方がひとこと、「あなたはもうここには来ないでください」と。

「私にこの仕事をさせないつもりならまた来ていただいてけっこうです。が、私の仕事を取らないでください」って言ったんです。

私もしつこいから「どういうことですか？　私はすごく困っていてここに来たんですよ」って、なおも訴えかけたの。

そうしたら「あなたは、神仏の御加護《ごかご》（神仏が守り助けてくれること）がすごいから、宗教の世界か、お教えの仕事で大成功を収めます。でも宗教と言っても新興宗教を作るのではなく、心のありかたを説いていくお仕事をすることになるでしょう」って言うではありませんか。

「なかなか信じられないかもしれませんが、私の言うことを信じてください。私は1か月前にいらした方の息子さんが、新聞に載ることを予言しました。ひき逃げで三面記事に載ったのを言い当てたんです。あなたも新聞に載っているのが見えます」

「もしかして、私も三面記事に出るんですか？」

「いえ、三面記事じゃなくて、大きく新聞に出ますよ。そして世界に名を残します」

私、もしかしたらピアニストになれるかな?と思ったから、そう聞いたら、「プロのピアニストになるには、もう若くありません」と、ピシッて言われちゃった(笑)。

その人からいただいた封書を見たら、そこにはこんな言葉が書いてありました。

「あなたは神の御加護がある方、教えの職か宗教の世界で大成功を収める方なり。さらに主婦にも向かず、家にて女中を置いて我は収入に励むべし」

私に専業主婦は向いてない、と。そして、前にも言われたように私と合う魂の人に出会う確率はほぼないから、何度結婚しても別れる、とも言われてしまいました。

腑《ふ》に落ちない気持ちを抱えて帰路についたけど、私もけっこうしぶといから(笑)、半年も経てば忘れるだろうと思い、またその霊能者のところへ行きました。すると、

「あなたには前に、もう来ないようにって言いませんでしたか？　あなたからは鑑定料もいただけません。私がこのお金をあなたからいただいたら罰が当たります」って。

でも、人間として受け取ってくださいって渡したら「申し訳ありません」って畳に頭をこすりつけて深々と私にお辞儀《じぎ》をしたんです。

そして最後に「あなたが来たら神様に怒られて仕事ができなくなるんです。どうかもう来ないでください。そして、もうこういうところに出入りしてはいけません」。

それから私は占いに通うのをやめ、この件があってからすぐに離婚しました。

本当にこのあとから、私は波乱万丈の人生を送ることになるんです。

金粉が出た！

小渕沢の霊能者に「もう来ないで」と言われてから私はすぐに離婚して、それから半年後くらいのことです。

子供たちと私とでマンションを借りて住んでいたんですけど、そこに私の友達が遊びに来て、ふたりでお茶を飲んでいました。

ちょうど4月くらいだったかな。外は曇っていたし夕方の5時くらいになっていたから、もう部屋の中も薄暗くなってきていました。

私は節約のために電気代をケチって、しばらく部屋の電灯はつけずにいたの。

でも、だんだん暗くなってきたし、そろそろ電気でもつけようかなと思っていたところに、金色に輝くきれいな光が突如《とつじょ》、部屋の中にサーッと入ってきたんです。

それは車のサーチライトでもなく、部屋にそんな大きな車が入ってくるわけもない。しかも私の家は4階、隣は2階建ての家だからそんな強い光なんて、入ってきようがないんですよ。

その光が入ってきたときは、一瞬目をつむってしまうほど部屋の中が明るくなりました。スポットライトを横から浴びたような強烈な光が差し込んできたんです。

友達とはテーブルを挟んで向かい側に座っていたんだけど、その光でお互いの顔が見えなくなってしまうくらい、強烈な輝きでした。

ゴールドとオレンジと黄色が混ざったような、濃厚な光って言えばいいのかしら。幅が1メートルはある帯状の光で、上と下は白い煙のようなものに包まれていたんですよ。

まるでキラキラと音がしそうなくらい、神々しい輝きに部屋中が包まれた感じだったわ。時間にしたら20秒くらいの短い時間だったけど、時間が止まったかのようでした。

「今の見た？」って、しばらくふたりとも狐《きつね》につままれたみたいだったわね。

人魂《ひとだま》を見たときも、UFOを見たときもそうだけど、私が不思議な体験をするときは必ず誰かと一緒なんですよ。

翌朝、外を見たら雲ひとつない真っ青な空に、雪が積もった富士山がくっきりと見えて、「なにかが変わる」という予感がしたのを今でも覚えています。

その頃、私は旦那から慰謝料とかももらってなかったから、生活費を稼ぐのに朝から晩まで働いていたんですけど、光に包まれた〝事件〟があった直後、ちょうどお昼の時間帯はラーメン屋さんでアルバイトをしていたんですね。そんなある日、休憩のとき、なんの気なしに自分の手の平を見たら、金色のラメみたいなものがキラキラ輝いていたの。

「あら、やだ。ラーメンって油が多いから手についちゃったのね」

と思って石鹸《せっけん》で洗い流したけど、休憩が終わって見たらまた手がキラキラ輝いてるの。でも、そのときはあまり気にしなかったんです。ところが、家に帰ってお風呂に入ろうとしたら、なんと体中から金粉が浮き出ていたのよ！

「金粉は人間の生命エネルギーだ」と言う人もいるけど、私にはよくわかりません。出始めた頃は、1か月くらい、いつでもどこでも出っぱなしという状態が続きました。自分では制御することができないんですよね。

今はそれも落ち着いてきたけれど、なぜ出るのかいまだにわかりません。

私と会った方に金粉が出る場合も多くて。たとえば私と話しているときに、相手の方と私の波長が合うと相手からも金粉が出たり、私と握手したあとに、相手の方が自宅に帰ってから腕に金粉がびっしりついているのを発見したり…。そういう話をよく聞きますね。

それから、手だけじゃなくて「顔が光ってますよ」って言われて、そこではじめて顔から金粉が浮き出ているのに気づいたり、目から出てるときもあって自分としてはどうにもできなくて困るときがあります。

ただ、金粉が出るときって、なんとなくなんだけど、楽しい話をしていたり気分的に高揚してるときが多いかなっていうことが、自分でもわかってきました。

この〝光騒動〟から、一気に私の人生が変わり始めたのです。

喫茶店の超常現象《ちょうじょうげんしょう》

34歳のときに部屋の中で金色の光を見てから、体中から金粉が出るようになったのだけど、そのほかにも不思議なことが畳《たた》みかけるように起こっていきます。

人のオーラ（体から発せられる生体エネルギー）が見えるようになったのも、このときくらいからだったかもしれません。

いえ、正確にはその前からオーラはわかっていたけど、手応《てごた》えというか揺るぎない感覚として、感じ取れるようになったという表現が正しいかも。

ある喫茶店で体験した出来事も、忘れられない記憶として今も残っています。

あのときも友達とふたりで、お茶を飲んでいました。

将来についてお互いの夢を楽しく語っていたんですね。

そうしたら、ちょうどテーブルの下からお祭りのときに聴くお囃子《はやし》のような、笛や太鼓《たいこ》を打ち鳴らすピーヒャラ、ピーヒャラという音楽が聴こえてきたの。

「なんの音？」ってテーブルの下を覗《のぞ》いてみたけど、スピーカーなんてないし、わざわざ店内のスピーカーの下まで聴きに行ったんだけど、そこではクラシックが流れていて、お囃子なんて聴こえてこなかったの。

あれはたしかに超常現象（現在の自然科学では説明がつかない現象）でした。

きっと将来の夢について語っていたことが神様に伝わって、それで「頑張れ！」というエールを私たちに送ってきたんじゃないかって思ってます。

そして、ほかにも音にまつわる超常現象では、不倫の恋に悩んでいる女性の相談に乗っていたら、ふたりとも携帯はマナーモードにしていたのに着信音が突然鳴りだしたということもありました。

携帯の画面を見ると電話がかかってきてる様子はないのに、閉じるとまた鳴りだすんです。これは神様からの「彼とは別れなさい」という警告だったと思います。

それから、私は30年来の松山千春さんファンで(笑)。ある日、「千春さんのコンサートに行きたいな」と思いながら、コンサートのパンフレットを眺めていたの。

離婚もしてお金がまったくない状態だったから、今年もコンサートには行けないなあ…と、寂しい気持ちを抱えながらページをめくっていました。

写真を見ながらコンサートの熱気や感動をリアルに思い描いて幸せの余韻に浸っていた、そのとき！　テレビの横に置いてあったオルゴールが突然鳴りだしたんです。それは千春さんの『恋』という曲が入ったオルゴールだったんだけど、それがゆっくりと四小節くらい回りだしたの。

半年以上聴いてなかったし、ここのところネジを巻いた覚えはなかったのよ。それなのにオルゴールが勝手に鳴りだすなんて…。あまりにも〝行きたい！〟という願いが強すぎて、超常現象を引き起こしちゃったのかもしれないわね(笑)。

それから、やっぱり同じ年の出来事なんだけど、私のお誕生日に、抱えきれないほどのかすみ草とバラの花束が友達から送られてきたんです。

その夜、ほかの友達から「お誕生日おめでとう！」の電話をもらって話しているときに、「今日は素敵な花束をもらったのよ」ってうれしくなって言ったのね。

そしたら、突然花瓶に入れていたその花束がものすごい勢いでゆっさゆっさと揺れだしたの！　窓は開けていなかったし、扇風機も冷暖房器具も換気扇も動かしてなかったから風が起こるはずがないのに。

お花をくれたお友達は目が見えない人だったのだけど、もしかしたら私に会いたいという思いが、かすみ草に伝わって引き起こしたのかもしれない。

30代前半はこうした超常現象は本当に日常茶飯事のことだったから、自分としては「あ、まただわ」という感じで、そんなに驚かなかったわね(笑)。

あとね、神仏について話をしたり、前向きな話をしてるときにバシッバシッというラップ音（誰も手を触れていないのに原因不明の音が聞こえてきたりする現象）が鳴るときもよくありました。

ちなみに、神様からの合図のときは右のほうから、ご先祖様からの場合は左から聞こえてくるんですよ。

「ちゃんと聞こえてますよ」「聞き届けたぞ」という知らせを、私たちに教えるために音で合図をしてくることがあるんです。

また、霊がなにかを伝えようとして、ラップ音を鳴らしたという体験もあります。

今から10年くらい前の話なんだけど、私の娘の友達がバイク事故で若くして亡くなってしまったんです。

それからというもの、毎日、突然彼の家の台所の電気がついたり消えたり、冷蔵庫の扉がバタバタ激しく閉じたり開いたりするようになったそうなの。

それで私がそのお宅へお伺いしてわかったんだけど、亡くなった息子さんはコーヒー牛乳が大好きで、それをお供《そな》えしてほしかったんですね。

そのことをご家族に伝えたら、お母さんが言うには生前は必ずコーヒー牛乳を冷蔵庫に入れていたそうなんです。

それで仏壇にコーヒー牛乳を上げるようにしたら、その日から現象はなくなったということでした。ご両親の無念さが彼を引き止めてしまって、霊界へ行けないようにしてしまっているということも、あるんですね。

「いつまでも息子さんのことをくよくよ思っていてもダメですよ。そうするといつまで経っても、息子さんがあの世に行けなくなってしまいます。だからちゃんと供養してあげてくださいね」

と、お願いをして帰りました。

実はラップ現象を経験してる方ってけっこう多いんですけど、気づかないという人もいるんですよ。

いろいろな不思議現象は、毎日いたるところで起こっているし、なにか意味がある場合も多いのです。

第三章

超極貧生活

10歳のとき。愛犬シロ&リキを抱いて——

はじめてのお客

はじめて金粉が出たときに働いていたラーメン屋さんは、新聞の折り込み広告で見つけたアルバイトでした。でもそれですぐに面接へ行ったわけじゃなくて、何か月も広告を眺めていたんです。

そして見ているうちに、だんだんそのラーメン屋さんのことが気になり始めて「ここに行ったほうがいいような気がする。縁があったら私は働くことになるだろう」と思って電話をかけてみたの。そしたらその場ですぐ決まっちゃったんです。

昼の11時から2時まで、毎日3時間のパートだったけど、そこの夫婦はとってもいい人たちでした。ラーメン屋のチェーン店を一軒まかされていたんだけど、すごく働き者だったし、離婚したばかりの私のことをいつも気づかってくれていた。

仕事はハードだけど、居心地がよかったですね。

そんなある日、ご主人と奥さんと3人でお昼を食べながら話してたら、奥さんから

「私たちは北海道出身で、駆け落ち同然で山梨に来たのよ」って話が出たの。

そこで、私がなにげなく「でも、本当はふたりでペンションをやりたかったんですよね?」って言ったら、すっごく驚いて。

「えっ? なんでわかるの!? 実は将来は北海道に帰ってペンションをやりたいねって計画してるのよ」って言われたんです。

それで私が「2階建てのログハウスで5段くらい階段を上がると玄関があって、前には湖が見えて、お庭の大きな木にはハンモックがかかってる」って景色を話したら、本当にびっくりして「自分たちが思い描いている風景とそっくりだよ!」って。

それで私にはなにか力があるんじゃないかって言われて、その後ふたりから相談をよく受けるようになったの。

そして私も楽しく働いていたんだけど、あるときフッと「こんなに居心地がいいってことは、ここには私は長くいられなくなるのかな」って思ってしまったんです。

それで私は黙ってられない性分だから、すぐに「奥さんたち、もしかしたらここにいるのはもう長くないかも」って言っちゃったの。

「え、どういうこと?」

「悪くなるとかじゃなく新しいお店ができて、そっちに異動《いどう》することになると思う」

「えーっ？　まだ、そんな話全然出てないから大丈夫よ」

ところが、そんな会話を交わして2か月後に、本当にそうなっちゃったんです。

「本社からの内示が来たんだけど場所は教えてもらってないの。どこだと思う？」

「埼玉か東京近辺だと思います。そしてそこに行くと、毎月1000万の売り上げがあると思いますよ」

「でも、ラーメン屋で月に1000万稼ぐのって大変なことよ。それはないわよ(笑)」

「でも、私には1000万っていう数字が見えるんですよ」

なんて言ってたら、埼玉の上尾市に行くことが決まって、ラーメン屋のご夫婦は引っ越してしまったのね。そして、それから2か月後に電話がかかってきたの。

「ちょっと、あなたの言った通り今月の売り上げが1000万円超えたのよ！　もう主人とふたりでびっくりしてる」って。

それで「私たちをぜひあなたの第一号のお客さんにしてちょうだい」って言って、鑑定料として1万円送ってきてくれたんです。

「一生忘れないから私たちのことも忘れないで」って言われて、私の最初のお客さんになりました。それから一度だけお店に遊びに行ったけど、それ以後会ってません。
もしかしたら、もう北海道でペンションをやってるかもしれないわ。

ド貧乏生活

毎日けんかばかりで罵《ののし》られ叩《たた》かれて…。そんな結婚生活にイヤ気がさして、子供3人を連れて家を飛び出してからの生活は、本当に辛《つら》くて大変で死んでしまいたいくらい壮絶な日々でした。

最初に逃げ込んだマンションは、4畳半と6畳2間に台所がある家賃8万円の3DK。それにピアノ教室用の防音設備のプレハブを8万円で借りてたから、毎月16万と家族4人が食べていく生活費が必要だったの。

実は私、離婚するまではお金がまったくない生活を経験したことがなかったのね。独身時代は、自分のお金は自由に全部使えてたから優雅な暮らしをしてたし、結婚してからも私はピアノ教室で50万くらい稼いで、旦那からも生活費を50万くらいもらっていたから、まったく生活するのに困らなかった。

家を出たときも300万持って出たから、最初の頃の生活は普通にできてましたし。

でも、慰謝料をもらってなかったから、あっという間にその貯金も底をついちゃって。1年もしないうちに苦しい生活に追い込まれていくようになったんです。

ピアノ教室は続けていたけれど、その稼ぎだけじゃ食べることすらままならなくなっていって。ついに、電気が消されて、ガス、水道が止められていきました。

旦那は私には辛く当たっていたけれど、子供たちにはやさしい父親でした。結局、息子ふたりは彼の希望もあって父親が引き取り、上の娘だけ私のところに残りました。

そうして、娘との心細いふたりだけの生活が始まったのです。

冬には電気も通ってないため、コタツも暖房器具も一切ないもんだから、部屋の中でも息が白くなるんです。それで、深夜営業のスーパーへ寝る直前に行き、そこで体を温めて走って帰って、そのまま布団に入って寝るというような生活をしてました。

あの頃はドン底でしたね。本当に苦しかった。

そして、借金をしてローンが貯まっていって結局、別の会社からまた借りて返すという悪循環にハマってしまったんです。最終的には5社くらいから借りて返せなくなってしまったの。朝から晩まで働いても、追いつかなくなっていましたね。

そうしたら、「金を払え!」って怖い人相の人たちが取り立てに家まで押しかけてくるようになってしまって。

ドンドンドンッて家の扉を激しく叩いたり怒鳴り声を上げたり、私たちは押し入れの中に隠れて息をひそめて、取り立て屋が帰るまでジッとやり過ごすしかなかった。

当時小学校3年生の小さな娘の体が恐怖で震えているのを、ただ抱きしめてあげることしかできなくて…。

「ごめんね、こんな生活をさせてしまって」と娘に言うと、

「大丈夫だよ、ママ。今までみたいな生活をしてたら、月の明かりがこんなに明るいなんて気づかなかったもん」って言うんです。

「蛇口をひねれば水が出てきて、電気がある生活が当たり前だったから」って、ロウソクに小さな手をかざして、一生懸命あたたまろうとするの。

娘のそういう健気《けなげ》な姿を見ていると、申し訳なさと悲しさで涙が出てきました。

そんなときに、姉と母がすべての借金の返済をしてくれたんです。

だから、私は一生かけてでも姉と母には恩返しをしようと思ってます。

でも、あのときは本当にお金の恐ろしさを知りました。だからわかるの、お金のことで悩んでいらっしゃる方の気持ちが。貧乏生活や苦しい思いって、今になれば私に

必要だったからなんでしょう、きっと。神様は無駄な経験はさせないんです。

そして、当時愚痴ひとつ言わなかった娘にも感謝です。

私は朝の市場で働いていたので、娘が起きるときにはもう家にいないから、7時に電話で起こして、ひとりでごはんを食べてもらって。本当にほったらかしでしたね。「ごめんね」って今でも娘に謝るんだけど、娘は「あの生活があったから私はこうして元気で強くいられるんだよ。私は貧乏してるなんて思わなかった」って言ってくれるんです。その言葉を聞くと、ありがたいなって思います。

あの頃は、朝目が覚めるたびに、「ああ、また朝が来た…」ってすごく辛かった。欠伸《あくび》より先に、ため息が出ていました。

そして、そのときから太陽に手を当てて「神様どうか私に力をください。そしてこの手の平に力を与えていただいて、その力で多くの人のためになれるように応援してください。そして、私たち親子が食べていけますように。今日もいいことがありますように」って、毎朝お祈りをしてました。

誰かに言われたとかじゃなくて、自分からパワーをもらおうと思って始めたの。

毎日暗い顔をしていてもしょうがないじゃない？と思うんですけど、ありがたいと思うときもあれば、早く死んでしまいたいと考えたり、なんのために生きてるんだろう?って落ち込んだり、そんなことの繰り返しでした。

教祖様には「大きな使命をもって生まれた」と言われ、霊能者には「あなたはすごい力がある。お金に埋もれる生活ができる」なんて言われていたのに、財布の中には200円しかないときもありました。

「これじゃ、お金に埋もれるっていっても1円玉に埋もれるんでしょ!」って毒づいたりもしましたよ。

でもね、人って、なければないで、工夫するようになるんですよね。

たとえば、お金をかけない料理を作ろうと考えるようになるし。

大根ひとつとっても、葉っぱを捨てないで炒めたり、剥《む》いたあとの皮も取っておいて、ゴマ油で炒めてキンピラにしたり。食べ物に対してもありがたいという感謝の気持ちを忘れずに、捨てるところなく食べるようになりました。

お昼は娘は給食があったから栄養のバランスは取れてたし、私もラーメン屋でアルバイトしてたからしっかり食べてたので、見た目は貧乏してるようには誰にも見えなかったと思う。痩《や》せ衰えていたら悲愴《ひそうかん》感たっぷりだったんでしょうけど(笑)。

アルバイト地獄

離婚したのが33歳のときだから、それからずーっと働いてましたね。

本当にありとあらゆる仕事をしましたよ。とにかく生きるために必死だった。

まず、朝5時から10時まで魚市場で働く。市場では仲買《なかがい》をしていましたね。要するに商売をやってる方たち向けの卸《おろ》し市場。毎日、何百万という大金が動くんです。

私としては売れ残った魚をもらったり安く買えて、だいぶ生活が助かりました。

それから、市場が終わったらお昼の忙しい時間帯の11時から2時まではラーメン屋さんでアルバイト。そこで昼食に自分もラーメンを食べるもんだから、どんどん太っちゃってもう大変(笑)。でも、食費が浮くのは本当にうれしかった。お金がないわりにはしっかり栄養をとることができましたから。

で、夕方からはピアノ教室をしていました。夜の9時くらいまでやって、それから家に帰って夕食の用意をして、娘とごはんを食べて寝る…その繰り返しでしたね。

そんなある日、市場へ向かうために朝4時半くらいに車を走らせていたんです。とても霧が濃くて1メートル先の視界がまったくきかない状態でした。

そしたら目測を誤って、車が道路の脇の畑に突っ込んじゃったの！　大事故にはならなかったけど、車はバンパーがグシャグシャで、すぐにレッカー車を呼んで引き上げてもらいました。でも、不思議と私は怪我ひとつせずにすんだんです。

レッカー会社の人も「こんなに車が大破しているのに怪我をしなかったなんて奇跡ですよ！」って驚いてました。

その頃は神様に守られてるとは思ってもいなかったから、「助けてくださってありがとうございます」なんて、感謝の気持ちすらわいてきませんでしたけど。今となっては本当に失礼な話よね。

で、その事故をきっかけに2年勤めた市場の仕事は辞めて、夜のバイトを始めたんです。まず、時給がよかったからスナックで働きだしました。カウンターとテーブル席が2つ3つくらいあるだけの、こぢんまりとしたお店。3人の女の子とママがいて、私はカウンターの中で、お酒を作ったりおつまみを出したりする仕事でした。

ある日、そこのお店で、ちょっと変わったことを言う社長さんに出会ったの。

「ママ、この人は店に置いておくだけでいいよ。給料を倍払ってでもいいから置いておきなよ。この人がいるだけでこのお店はよくなるから」

招き猫《まね》でもあるまいし、ヘンなことを言うお客さんだなと思いましたね。

でも、タバコの煙がイヤだったのと、疲れた人たちが集まってくる場所だからマイナスの気が充満してて、それに滅入《めい》っちゃって…。3か月で辞めてしまいました。

それから、ファミレスの皿洗いのアルバイトに変えました。夜の10時から夜中の2時まで長靴を履いてひたすら食器を洗ってましたよ。体力的にはキツかったけれど、人と接するわずらわしさがなくて精神的にはよかったかもしれません。

あと生命保険の日当の仕事やスーパーのレジ打ち、喫茶店、おだんご屋さん、テレアポ、建設会社の事務、歯科助手、精密機械の組み立て、やってない仕事はないくらい、いろんな仕事をしました。

本当に忙しかったけど、病気をしなかったのが救い。離婚してからずっと、毎年天中殺《てんちゅうさつ》や大殺界《だいさっかい》みたいなものだったから、その頃は誰もなにも信じられなかった。

私はその時期にいろんな人と出会って、人間の裏表も見てきました。人はお金があると寄って来る、なくなったら即座にいなくなる。そんなことを知ったのもその頃。

それが普通の人間関係かもしれないけど、あまりにも悲しすぎると感じましたね。

でも、私も辛い経験をしなかったら人のことをあれこれ思えなかった。この経験があったからこそ「誰かのために力になりたい」って考えるようになれたんですから。

神様がすべてこの世の辛いことを教えてくださったのかなと思ってます。

宇宙少女

お金はなかったけれど、たくさんの人と出会って不思議な体験をしたのもこの頃。

プレハブを借りてピアノ教室を始めるときに、まずは生徒さんの数を増やそうと、生徒募集のチラシを1000枚作って配ったんです。

ある日その一枚を手にした少女が、私の教室を訪ねてきました。

彼女が教室に入って来た瞬間、部屋全体が異様な雰囲気に包まれたのを、今でもはっきりと覚えています。扉が開いてそちらに目をやると…。肌が透き通ったように白くて、髪を金髪に染めた女の子がなにも言わずに立っていたんです。

そして、「ピアノを教えてもらいたいんです」と言いながらゆっくり入ってきたのですが、あまりにもその場にふさわしくない佇《たたず》まいに、私は一瞬息を飲みました。

今まで私の教室にピアノを習いに来ていた子は、見るからに普通のお子さんという子たちばかりだったので。彼女はひょろひょろとした体型にズボンをはいていて、金色の髪は肩くらいのショートヘア、よく見ないと性別もはっきりしなかった。

それでも気を取り直して部屋へ入ってもらって話してるうちに、ますます変わった子だなと感じたんです。愛想笑いもせず、無表情。言うことも不思議なことばかり。

「先生なら私が言うことを信じてくれるのがわかります」

「この教室のドアを開けた瞬間に真綿に包まれたみたいな感覚になりました。そして先生が、マシュマロのようなふわふわしたものに包まれているように見えました」

「私はここに来て、やっと自分は救われたと思いました」

「私、幽霊が見えるんです」

「私、宇宙に行けるんです」

彼女は19歳で、近所の宝石屋さんに勤めている〝普通の販売員〟だそうなんですが、言うことがとにかく突飛《とっぴ》なんです。

彼女が言うには、幽体離脱（肉体から魂が抜けて自由に移動すること）をして、宇宙へ1分くらいで行ってしまえるということでした。

行きたいと思ったときに意識を集中させると、魂が肉体から抜けて木星や金星まで飛んで行けるんですって。月から見た地球は、それは美しい色をしているそうです。

そして、「新しい星が生まれたんですよ」って楽しそうに話していたんだけど、それから1か月後、新聞を読んでいたら、本当に「新惑星が見つかる」というニュースが載っていて。彼女が言ったことは真実だったんだ…って驚きました。

とにかく次々と、私の想像を超えるような話をしてくるのだけど、それを不快だと思わなかったし、反対に彼女の話をいろいろ聞きたくなりました。

彼女は私のピアノの生徒さんになって週に1回通って来てたんだけど、レッスンはほとんどせず、そんな雑談ばかりしていたような気がします。

彼女から「幽霊は私たちと同じように普通に歩いていたりするんですよ」と聞いたときは、幽霊が見えない私としてはとてもうらやましく思ったりしましたね。

そんなある日、彼女が「先生、すごい夢を見ました」って教室に来たんです。

「神様の夢を見ました。神様が私の前に立ち、足からだんだん自分の姿を見せてくれて。胸のあたりに来たとき、私が誰かわかるか？って聞いてきたので、わからないと答えたら…。では、見せてやろうと言って現れたのがみよこ先生だったんです！」

私は耳を疑いました。というか、大笑いしてしまいました。

それでも彼女はなおも真剣に「それで私、わかったんです。はじめてこの教室を訪ねて来たときに真綿の中にいるようなやさしい感覚になった理由が」って言ってくれました。そして、なぜか彼女は「私はみよこ先生に伝えたいことはすべて伝えました。ありがとうございました」とお礼を言ったのです。

それからその〝宇宙少女〟は私のところからパッタリ姿を消してしまったの。

いやがらせ

離婚をしてからは苦しいことばかりじゃなくて、人から助けてもらうことも何度かありました。ピアノを教える場所がなくて困っているときに、「自分のところで使っていない2階建てのプレハブ小屋があるから、ぜひそこを使ってください」と申し出てくれた奇特《きとく》な方がいたんです。

しかも、わざわざそこを二重サッシの防音に改装し直してくれて。

捨てる神あれば拾う神ありだわと、その申し入れに喜んで飛びつきました。

そこで生徒さんも増え、軌道にのり始めた頃に、思いがけず、当の大家さんからいやがらせを受けるようになったんです。

まずは、教室に来る子供たちの声がうるさいと言われ、子供たちの自転車を隠されたり、プレハブの2階で教えていたのに、そこの階段の幅を細くされてしまったり…。

やりづらいなと思って、教室を別のところに移そうと引き払うことにしました。

そしたら、大家さんがプレハブの改装代とピアノの騒音がうるさくて精神的に参ってしまったから、その慰謝料を払えと言ってきたんです。

弁護士を通じて、２７０万円請求してきました。

貧乏生活に突入していた私にとって、そんな大金を払う余裕なんてない。

先方の弁護士さんも、私の貧しい生活を見て、とても２７０万払える人じゃないと思ったんでしょうね。60万円で和解しませんかと言ってきました。

それでもお恥ずかしながら、お金を工面《くめん》することができなかったんです。

本当に困ってしまって悩み抜いた挙げ句、下の姉に相談したら義兄《にい》さんが肩代わりしてくれたうえに「うちに来いよ」って誘ってくれて、ピアノ教室用のプレハブまで建ててくれたんです。もう感謝のあまり涙が止まりませんでした。

でもその幸せも一瞬のことで、私に不思議な力があるということを近所の人から聞いた義兄さんは、私のことを不気味がってどこかよそよそしくなっていったんです。

さらに、私が義兄さんの悪口を外で言ってるという噂《うわさ》を聞いてきて、そのことで姉に当たり散らすようになっちゃったの。ここまでよくしてくれた人のことを悪く言うはずがないのに、義兄さんは私のことは信じてくれず、まわりの噂を信じてしまった。

義兄さんの言動はエスカレートするばかりで、ついには姉を殴って怪我を負わせ、教室の中にブロックやかぼちゃを投げ込み始めたんです。物を投げ入れるから窓ガラスが割れて、その破片がピアノの中に入って大変でした。

私は泣く泣く出ていくことになり、その後に姉たちも離婚してしまいました。それから私は山梨を出て埼玉県に家を借りて、そこから山梨へピアノを教えに通うようになったの。

私は人間関係で本当にイヤな思いをいっぱいしてきました。

人って羽振りがいいときはみんなそこに集まってくるの。私だって結婚してすぐの頃は毎月100万円くらいを自由に使っていたから、自宅に人を呼んで毎日、セレブのティー・パーティみたいなことをしていたのよ。

喫茶店みたいにいろんな種類のコーヒーを置いてケーキを焼いて、来客者をもてなしていたから、いつも溜《た》まり場のようになっていたわ。

ところが離婚した途端に、子供たちの幼稚園のお母さんたちさえも寄りつかなくなったんです。貧乏な人と親しくしていると、自分もその仲間と思われるのがイヤとか、世間体を気にする人が多いんですよね。

そういうこともあって、蜘蛛《くも》の子を散らすようにパーッと友達が去っていって、そこで人の非情さも学びました。

その頃は、もう誰も信じないし友達もいらない！とまで思いつめていました。

清水のおじさん

私が生まれてすぐに「この子は普通の子じゃない」と言われたことは、前にも話したことがあったけれど、両親と一緒に宗教を信仰していた〝清水のおじさん〟という方との出会いは、今でも私の心の中に深く刻《きざ》まれています。

この〝清水のおじさん〟は、自分はボロボロの服をまとっているんだけど、いつも穏やかで本当に神様のような人でした。

口数も少なく、うちの両親とは親交が深かったようですが、私にとっては〝なんだか不思議なおじさん〟という印象だったのよね。

実は彼にも特殊な能力があって、人命を救ったり予言めいたことを言ってはまわりを驚かせるといった奇跡を起こしていました。

清水さんはお酒が大好きで肝臓を悪くした後、肝硬変《かんこうへん》になって手術をすることになったんです。その手術の後、執刀医《しっとうい》が息子さんに、

「この方はなにか宗教をしてますか？」って聞いたそうです。息子さんが、「はい。していますが、どうしてですか？」と聞き返したら、「体にメスを入れた瞬間に、傷口から光り輝く神様が飛び出してきた」と、お医者さんがおっしゃったということでした。

古事記などで紹介されるような、古代の格好をされた神様が出て来たそうですよ。医学界では科学的に説明できないことは御法度《ごはっと》ですが、お医者様は自分の目で神様を見てしまったのだから認めざるを得ないと、青い顔で話していたと聞きました。

清水さんはその一件から、さらに力を発揮するようになっていったそうです。霊能者の方などの体験談で、事故や病気の後に不思議な力が身についたという人の話をよく聞くことがあります。でも、清水さんはもともとあった力が、病気をしたことでさらに強くなったということなのでしょう。

その清水さんが、私が31歳か32歳くらいのときに家にフラッとやって来たことがありました。子供のときから私のことを知っている人だったんだけど、宗教が嫌いな私は、神様に手を合わせることすらしていなかったんです。

そうしたら、「自分は来年の8月1日に死ぬから、その前にみよちゃんに話があって来たよ。いずれ、あんたがこの宗教をやっていかないといけないんだ」と、両親や自分が信仰している宗教の後継者になるようにお願いに来たんです。

もちろん、私にはそんな気持ちが、さらさらなかったから、絶対にイヤだって答えましたけどね。

そしたら「今はイヤだって逃げまわってるけど、この宗教じゃなくても、いつかは人のためにしなきゃいけないときが必ずくるよ」って言われました。

「私にはわかるんだ。みよちゃんには49体の神様がついていて、その中には天台宗の最澄だっているよ。この間、夢のお告げがあったんだ。真っ白な馬に乗った金の袈裟《けさ》を着てるお坊さんが現れて、みよちゃんの前世で私は最澄だって言ってたよ」と。

それは霊能者にも言われたことがあったので、背筋がゾクッとしましたね。

そして清水さんは、大日如来《だいにちにょらい》、阿弥陀如来《あみだにょらい》、天照大神、伊耶那岐命《いざなぎのみこと》、伊耶那美命《いざなみのみこと》、大国主命《おおくにぬしのみこと》、七福神（恵比須、寿老人《じゅろうじん》、大黒天、毘沙門天《びしゃもんてん》、福禄寿《ふくろくじゅ》、弁財天、布袋《ほてい》）といったふうに、ザッと49体の神様の名前を次から次へと挙げていったんです。

「すべての神様はあなたが支配している。自分が祈るときにはお願いしますじゃなくて、私に協力しなさい！と命令すればいいんだよ。だから神社に行く必要はない。だって、神様を支配しているのはあなたなんだからね」
そう言われても、自分には実感がまったくわきませんでした。
そして、清水さんは自分の予言どおり、翌年の8月1日に亡くなりました。

死んでしまいたい

31歳くらいから原因不明の腰痛に襲われたことがありました。病院でレントゲンを撮ってもらっても骨の異常はないし、筋肉に炎症も見られない。

あの頃は毎日が最悪で。鎮痛剤を飲んでも効かなくて、鍼《はり》を打っても楽になるのは一時だけ。あまりにひどい腰痛だったから、吐き気はするし、だるいし、一日中横になったまま過ごす日々が続きました。

そんなときに、娘の幼稚園の親子遠足が開催されることになって。私は娘のためにどうしても一緒に行ってあげたかったの。娘につまらない思いをさせたくなくて…。

そう強く願っていたら、なんと遠足の日だけまったく痛みがなくなったんです！

娘の楽しそうにハシャぐ姿を見て、来れてよかったなと心から思いました。

ところが、遠足から帰って来た翌日になると、容態はまた逆戻りしてしまって。

「なぜ遠足の日だけ腰痛がなくなったんだろう？」

私の疑問は解けないままだったけど、そんなときに両親と一緒に宗教をしていた清水のおじさんが私の容態を知ってお見舞いに来てくれました。

「前世が最澄だった頃に藤原家を痛めつけて、そのときの報いがきている。自分の権力を思うがままにふるった罰がみよちゃんにきてるから、謝って来なさい」

前に清水さんに、願いごとがある場合、私自身が神社へ行く必要はないと言われたけど、藤原家の怒りを鎮《しず》めるためだから今回は行く必要がある、とのことでした。

私も治りたい一心で藤原家ゆかりの神社など、行けと言われた神社5社にすべて行き「私の知らないこととはいえ申し訳ありませんでした」って謝《あやま》ってまわりました。

私はほとんどひとりで歩くことができない状態だったから、下の姉が車に乗せてくれて階段ではおんぶして連れて行ってくれたの。

あとは近所の川へ行って、母と一緒におだんごとお線香を上げて、般若心経《はんにゃしんぎょう》を毎日唱えました。とにかくありとあらゆることをしたんですよ。

もちろん、勧められた整体や病院へも行きました。それで、姉が知り合いから聞いてきた病院へ行った帰り、少し楽になったから歩いて帰っていたんです。

ちょうど橋の上を通りかかったとき、川に目をやっていたら、涙があふれてきて。

「もうなにもかもやり尽した。いくらやったって神も仏もない。この川に飛び込んだらいっそ楽になれるかな。死んだら痛みもなくなるし苦しみもなくなる」

そんなことを思っていたら、川の流れに吸い込まれそうになったんです。

橋桁《はしげた》に足がかかったそのとき、雷に打たれたような感覚に襲われました。

「あ、私の今の考えって他力本願じゃないの。人に頼って人を恨《うら》んでばかりだった。清水さんに言われたから神社へ行って、治らないからって恨んでみたり。自分からはなにも動いてなかったじゃない！」

それを思ったときにこれはいけない、この気持ちはよくないって気づいたの。

「自分のことは自分でしか治せない。だから、誰にも頼らないで自分で治そう。自分の心の宗教をすればいいのよ！」

そう悟って家に帰りました。そしたら、翌日から「あの苦しみはなんだったの？」と思うくらい、ケロッと元気になっちゃったんです。腰の痛みがまったく消えてしまっていたの！　不思議なくらいに。

「真の悟りは一夜にして開く」と父に言われたんだけれど、まったくその通り。

その日以来、腰痛は一切ないんです。やっぱりこれも修行をさせられたんだと思う。

悪いときって人に頼ってしまうんだけど、人にばっかり頼らないで自分を信じるのが一番ってことなのよね。すべてを受け入れたときに変わるの。

今思えば、神様が私に痛みを与えたんだと思ってます。人さまの相談を受けるとき、自分が痛みや苦しみを経験してなかったら理解できないですもんね。

第四章

治癒＋予知　百発百中？

23 歳。下の姉(右)と静岡に旅行したときに水仙畑で

雨よ止《や》め！

ある日、仲のいい友達と喫茶店にいて、雨が降り始めたのにも気づかないくらい夢中になって話していたことがあったの(笑)。

しばらくしたら止むだろうと様子を見ていたんだけど、雨は激しくなるばかり。

「あー、私、こんな日に限って自転車で来ちゃったわ」

悔しそうに友達がそうつぶやいて、続けて冗談っぽく言ったんです。

「先生、お願い！　私が家に帰り着くまで雨を止ませて(笑)」

「わかった。私にまかせて！　雨よ止みなさい！」

私がそう言ったら、本当に小降りになって。それで、友達は家まで20分かかるから今のうちに出たほうがいいということで、帰って行きました。私は5分くらいで家に着いて、「雨よ止め！　せめて20分は降らないで！」ってまた祈ったんです。

そしたら、本当に雨がピタリッと止んじゃったの。そして、そろそろ帰り着く頃かな？って思った途端《とたん》に、バケツをひっくり返したような勢いで雨が降り始めたのよ。その後すぐに彼女から「玄関に入った瞬間に、土砂降《どしゃぶ》りになったのよ！」って電話がかかってきた。ほんと、間一髪だったわ(笑)。

あとね、ひとりで車を運転してるときにポツポツと雨が降り始めちゃったことがあったんです。ちょうど、その日は洗濯物を干しっぱなしにして出かけてたから、雨が降ったら困るなって思ったのね。

それで帰宅するまで15分くらいかかりそうだったから、15分だけ雨が降らないようにと思って、天に向かって大きな声で「止め！」って言って念じたの。そしたら、これもまた本当に止んじゃった。

でも、約束通り15分経ったら降りだしちゃったのよね。まだ、あと5分はかかりそうだったから、「お願い、もう1回止んで！」ってお願いしたんだけど、それはダメだったわ。こういう願いごとっていうのは、欲が出るとダメなんです。

姉と一緒に車に乗っているときも似たような出来事があったわ。

ちょうど私たちの前を走っている車があまりにもスピードが遅かったの。だから「次の信号で曲がれ！」って言ったら本当に曲がったんです！

それでまた前にゆっくり走っている車がいたから「曲がれ！」って言ったら、その車もまた曲がっちゃったの。

「3回以上続いたらこれはもう、まぐれじゃないね」って言って、「曲がれ！」を繰り返してたら、結局7台くらいの車が次々と私たちの目の前を曲がっていって…。それでふたりともちょっと怖くなっちゃって、もう止めようって言って止めました。

念じるときって「お願いします」じゃなくて、命令口調や断定がいいようです。

ある相談者の方で、多額の借金で首がまわらず「もう死ぬしかない」と思いつめて、私のところへ来た人がいました。私としてはなんの苦労もせずにお金を手にするようなお手伝いは好きではないんだけど、その人は本当に死にそうだったの。

なので「明日宝くじ売り場でロトを買ってみて。当たるから！」って言ったんです。そしたら、翌日「先生の言った通り買ったら、ぴったり当たりました！」って連絡が来たの！　なんと、借金ぶんだけ宝くじが当たったんですよ。

もし、みなさんも自分で夢を叶えたいときは「こうなりますように」とか「こうなりたいな」とかではなく、「私はなるんだ！」って強く思うことが大切。

それじゃないと、天には通じないのよ。

東京ライフ

私は40歳になってから、娘を連れて東京・調布のマンションに引っ越しました。

東京にはなんのしがらみもなかったし、山梨で仲良くしていた友達が先に東京へ来ていたから、そこを頼って行った…というのもありますね。

やっぱり子供がいてくれても、まったく知らない土地は心細いものです。

調布にしたのは、まだ週4でピアノを山梨で教えていたから、高速道路に乗れば1時間半くらいで行けるということで決めたんですね。

東京の生活もそんなに楽じゃなかったけど、私って人生の節目節目に不思議な人と出会うんですよ。調布での生活が始まってすぐに、ヘンなおじさんが家を訪ねてきたんです。

私ってもともと田舎に住んでたから、平気で窓や玄関を開けっ放しにしちゃってたの。

そしたら「互助会《ごじょかい》（冠婚葬祭の相互扶助《ふじょ》）です」とか言いながら、60歳くらいのおじいさんが家の中に入ってきたんです。

「うちはそれに適応する人が今はいないんですよ」と、やんわりお断りしたの。

するとそのおじいさんが、「実は私は人の未来がわかるんだ」と言いだして。

「奥さんはすごい力がある人だね。とっても不思議な人だよ。普通の人は毎日1週間ちゃんと働いて食費を稼ぐんだけど、あなたの場合は月半分も働かないで食べていけるようになるよ」って言われたんです。

当時もピアノ教室は毎日教えてなかったけれど、今、こうして人さまの悩みを解決するお仕事をさせていただいているから、そういえば毎日働いてないわよね。

それ以降、そのおじいさんは一度も私の前に姿を現していません。なにか私に助言したり啓示《けいじ》を与えてくれる人物って、メッセージを残すと消えていっちゃうんですよ。

私は34歳で光を見たあとから、仕事にはしてなかったけど、頼まれたら病気や心の悩みの相談を受けるようなことはしていたんです。

それで東京に先に来ていた友達が「そういう力を使って、人を助ける仕事をしてみたらどう?」って電話カウンセリングの仕事を教えてくれたの。

でも、私は本当に自分に力があるかどうかってよくわからなかったんです。

これを仕事としてやって、お金をもらうなんてとんでもない！って思ったんだけど、「面接だけでも受けるだけ受けてみたら？」という友達の言葉に背中を押されて、その会社に電話を入れてみました。

すると、社長さんらしき人が出てきて「僕の過去から現在、そして未来を見てください」って言ってきたの。

だから「子供の頃は、山があって川が流れている自然に囲まれた田舎で育って、犬とよく遊んでましたね」って言ったら「はい、そうです」って。それから社長さんの現在も当てて、未来はこうなるって話をしたら「すぐに仕事はできますか？」って聞かれました。

それで、すぐにできますって答えたら、もう翌日から電話カウンセラーとしての仕事が始まってしまったのよ。43歳のときです。

そこには20、30人くらいの先生が在籍していたんだけど、仕事を始めてすぐに受付の人が「みよこ先生ばかりに指名が来ますよ」って言ってくれて。

1回相談を受けた人がまた電話をくれて、その紹介でまた電話がきて…っていうような状態になっていったんです。多くて1日15人の方を鑑定した日もありました。

だけど、結局その電話カウンセリングの仕事も辞めて、心機一転45歳で府中へ引っ越して個人でやっていくことを決意したのです。

和解

電話カウンセリングの仕事は本当にキツかった。

朝の9時から夜中の2時、3時までやる日もありました。1時間話す人もいれば、7時間っていう人もいて、一日が終わると話し疲れて口がダルくなってました。

本名で仕事はしてなかったんだけど、よく当たる占い師という噂《うわさ》が瞬《また》く間に広まって、インターネットにカキコミされるほどにまでなりました。そこの会社では、ありがたいことに指名No.1の人気になったんですよ。

それで私も1年やったし、自分にも自信がついたから、これだったらひとりでもやっていけると思って、会社を辞めることにしました。

そして『チロルの部屋』という、カウンセリングルームを開設したんです。

前の会社の顧客《こきゃく》名簿ももらってないし、本名で仕事を始めたから最初の頃はほとんどお客さんがいない状態でした。でもありがたいことに、以前電話カウンセリングを受け、わざわざ私のことを捜し出して連絡をくれる顧客の方もいたんですよ。

でも、ちょうどその頃、私がインチキな商売で詐欺《さぎ》まがいのことをやっているというDM（ダイレクトメール）が、前の会社からお客さんたちに届けられたんです！

もう、びっくりしましたよ。

そのDMには私が法外な金額を取って鑑定していて、全国で裁判沙汰《ざた》になっている、という内容が書かれていたんですから！　私としてはそんなこと一度もないし、苦情も来たことがなかったのに。しかも、前の会社の受付に苦情が殺到していて、本来の業務ができない状態だっていうデタラメまでも書いてあったんです。

それで、これは見過ごせないと思い、弁護士事務所に相談に行ってその会社を相手取って訴訟を起こしました。

するとすぐに、その会社の受付の人から謝罪の電話が入ったの。

「実は会社の社長にあなたに関する悪い噂を流すように脅されて、お客様にDMを出したんです。でも、後ろめたくてすごく怖かった。だから許してください」

要は、私が一番お客さんを取ってたから、私がいなくなることで月に何百万もの損失が出ることがおもしろくなかったらしいんです。

それでいやがらせなんて、なんと子供じみたことを…と、呆《あき》れてしまいました。

結局、和解して弁護士料と20万円を支払ってもらって解決しましたけれど。

そこで、このいやがらせは一件落着したんだけど、ちょうどその頃、前の会社でNo.２だった先生から電話があったんです。

その先生も私のあとに会社を辞めていて、やはり、私のようにいやがらせを受けていたそうなんです。

元No.２の先生は関西で鑑定をされていたんだけど、私のことを「すごい先生がいる」って宣伝してくれていたんですよね。そして、「こちらでも人を集めたので、ぜひ来てください」と私を招くために電話をくださったんですよ。

それ以来、関西方面には年に2、３回くらい行くようになりました。そして、ほかにも地方で困っている方を紹介してもらって、出張するようにもなったんです。

こうして、口コミでだんだんと私の噂が広がっていって、半年もしないうちに『チロルの部屋』には、５００～６００件もの問い合わせの電話がくるようになりました。

占いを本職としている人までもが、「自分にこの仕事は合ってますか？」と聞いてくるまでになったんです。

19万人の悩み

45歳のときに東京・府中へ引っ越したのですが、移ってきてすぐに友達の子供たちを連れて府中競馬場へ遊びに行ったことがありました。ちょうど日本ダービーの時期だったから、6月だったかしら。風が爽《さわ》やかなとても気持ちのいい日でしたね。

別に馬券を買いに行ったわけじゃなくて(笑)。あそこは場内に遊園地があって、滑り台やジャングルジム、ミニ新幹線も走ってて、子供でも一日中楽しく過ごせるの。そして、ちょうど遊園地はレース場の中央にあって、そこから客席をグルリと360度眺めることができるのよ。

私は子供たちの笑顔に幸せを感じながら、フッと客席に目をやりました。競馬場にはいろんな方が来てますよね。

私のように親子連れの人、お酒を片手に必死の形相《ぎょうそう》の人、カップルや友達同士でワイワイ楽しそうにしている人、見るからにお金持ち風の人…。満員だったからザッと19万人近い、いろんな人がそこに集まっていました。

「みんなそれぞれ自分の休日を楽しんでるわね」なんて、のんびりとした気分でボーッと観客を見てたの。

そしたら、急に「あれっ、私この人たちひとりひとりの悩みが全部わかる!」って感覚に襲われたんです。しかも、その悩みを全部解決できるわ、という自信も同時にわいてきました。

実際に、見てあげてないから私がわかったかどうかというのは、今となっては本当か嘘かわからないけれど、私の中ではたしかにそう感じたんです。

そしてこれがもし20万人、30万人の人たちが一斉に私のところに来ても全然困らない自分がいるって思ったの。確信的にそう思いました。

見るためにどこかスイッチが入ったわけじゃないんです。自分でもよくわからないんだけど、その人たちの人生が突然見えたというか。

映像じゃなくて心のイメージっていうのかな、19万人の人たちのこれからの未来もヴィジョンで見えたの。これがもしかしたら、透視《とうし》と言われるものなのかな。

そういうことは意外とたびたび起きるんです。将来や悩みを透視する人って、よくわからないけど、なにかに拝んだり唱えてたり手を合わせてから見たりするじゃない？

私の場合は、いつでもどこでも見られるんです。

私の中では過去はもう過ぎてしまったことだから、あまりその人に言っても意味がないと思っているの。だから、過ぎたことはすべて経験としてそこから学んで、みんな次に生かして、前向きに生きていけばいいのよね。

これから先の人生のほうが大事だもん。だから、〝今〟が大事。

詩人で書家の相田みつを（1924〜1991）さんと友達だったという人から、昔、相田さんの「今が大事」と書かれた額をいただいたことがあったの。

それを見たときに「そうだよ、今があれば明日があるじゃん」って強く思いました。

今を生きることが明日につながるんです。

今日も一日いい日だったなって思えることが、また明日もいい日で迎えられることにつながっていくのよ。

将来のことを心配ばかりしていると、いいことは起こらない。

私は、みなさんの〝今〟を幸せにできたらなと思っています。

坊主の霊

私は死ぬのも怖くないし、幽霊や祟《たた》りも怖くないの。死んだら神様のそばに行けるからうれしいくらいですよ。

幽霊も怖くないから、夜お寺に行くのだって平気よ。

あれは7、8年くらい前だったかな。東北地方のお寺に呼ばれて夜の10時くらいに行ったときのことです。

ある墓石の入口に立っているロウソクに火をつけようとしても、すぐ消えてしまう現象がここ4、5年続いていて、お盆も近くなってきたので困っている、ということで私のところへ依頼が来たんです。

そちらの住職さんもお経を上げたそうですが一向によくならず、石を打ちつける音がしたり閉まっていたはずの戸が開いたり、霊現象が起きるようになったとのこと。

ひと通り話を聞いて、その墓石の前へ行ってみたら、なんとそのお墓はこちらのお寺の住職さんたちが祀《まつ》られている、代々のお墓だったんです！

お坊さんは亡くなっても、自分の家族と一緒のお墓には入れないんですよ。

歴代の住職さんが入るお墓というのがあって、そのお墓は普通の墓石と違って丸くて長い、まるでお坊さんの頭のような形をしているの。

そこに灯籠《とうろう》があって、お盆になると入口のところに2本、通路に2本ロウソクを立てて火をつけるそうなんです。それを一晩中つけておくんですけど、風が吹いてないのに1分も経たないうちに4本とも消えてしまうんですって。

私がそこで手を合わせたら、歴代のお坊さんたちが「自分たちのことを忘れないで供養《くよう》してくれ」と言ってるのがわかったの。今の住職は先代の住職しか供養していないからと訴えてきたのです。

でもね、声が聞こえてきたわけじゃなくてそう感じたの。私はいつもそう。成仏させてくれということを伝えたいんだなっていうことがわかったんです。

一般的に、亡くなった方が寿命を全うした人ばかりとは限りません。無念の死を遂げる人もたくさんいます。そういう人たちもお坊さんは供養しなければならない。

だけど霊のほうの念が強い場合は、お坊さんはその念をもらったまま亡くなってしまうから、自分も浮かばれないところに逝《い》ってしまう。

だから、跡を継ぐお坊さんたちが供養しないと、亡くなったお坊さんたちは成仏できないの。それで、生きてる人にしっかり供養をしてほしいと、訴えてくるんです。

そういうことを言葉で伝えられないから、石を鳴らしたりロウソクに火がつかないようにして、知らせていたってわけなの。

私は手を合わせて、「なにを伝えたいかよくわかりましたから、私からきちんとお伝えします。なので安心して、ぜひ成仏してください」と言いました。

私はそういうときも、袈裟《けさ》を着て数珠《じゅず》を手に般若心経《はんにゃしんぎょう》を唱えるというようなことは一切しません。素のままの私でやります。

その後、ロウソクに火をつけて手をかざしたら、ロウソクの火が炎のように勢いよく、1メートルくらいもバーッって噴き上がったの。

それから住職さんのところへ戻って1時間ほど話をして、またお墓の前に戻ってみたけれど、ロウソクの炎は消えることなく燃えていました。

そして、次の年からもちゃんと火はついているようになった、ということです。

これは、歴代のお坊さんの供養をちゃんとしなかったことが原因だったんですね。

胆石《たんせき》が消えた

病気や怪我した人を治癒《ちゆ》した最初の体験は、自分の腰痛を治したことだと思うわ。

そして、私が他人に施《ほどこ》した〝はじめての奇跡〟は、マンションの部屋で金色の光を見たあとだから、35、36歳くらいのときだったでしょうか。

その方は、50歳代のある会社の社長さん。どなたからか噂を聞いて、私のところへ連絡してきたのだと言ってました。

私はそれまでも、病気ではないけど人の悩みを解決したりはしていたので。

社長さんの自宅へ行ったら、その社長さんには胆石があって、すぐにでも手術をしなければいけない状態でした。

私もはじめてのことで、どうしていいかわからなかったけれど、やってみますと言って、寝ている社長さんの横に行きました。

そうして、胆のうのある場所に手を当てて「胆石は消える！」って念じたんです。

すると、社長さんが「タバコの火を押しつけられたように熱い！」って騒ぎ始めたんです。私自身の手の平は、別に熱くは感じなかったんですけどね。

そして…5分くらい患部に手を当てていたかな。そっと手を離してみたら「あれ、痛みがまったくなくなってるよ！」って、社長さんが驚いてましたね。

そして、後日病院で検査をしてもらったら「石が散って、胆石が消えている！」とお医者さんに言われたそうです。

これが、病気の人を治癒した私の最初の経験でした。

私は、病気や怪我をしている方に会うと、自分もその人と同じところが痛くなるんですよ。それは、病気の方がいる家の玄関の前に立った瞬間からわかります。

そして、そのことを相手に伝えると、私も痛みがなくなるし相手もよくなっていくんです。だから、会ってる間に病気がどんどんいい方向へいくみたいなの。

軽い症状だったら患部に触れずに、電話で話すだけでも治癒するみたいです。

10年ほど前の話ですが、不整脈結滞症《ふせいみゃくけったいしょう》という、脈のリズムや大きさが不規則になる病気の人から「脈が途中で止まってしまう」という相談の電話を受けました。

それで私が電話口で「大丈夫ですよ。1週間経《た》ったら病院へ行ってみてください」

と伝えたんです。それから1週間後に、「病院の先生に治ってるって言われました！」という喜びの電話をもらいました。今でも元気で生活されているそうですよ。

この間も地方の方からお電話があってね。その人は4年前に片方の耳が聞こえなくなって、ある霊能者に見てもらったそうです。「家が原因だから」と巨額のお金を支払ってお払いをしてもらったけど、一向によくならないので私に連絡をくれたの。

それで、聞こえないほうの耳に受話器を当ててもらって、しばらくしゃべってもらったら「あ、先生聞こえるようになりました！」って。

そのときも、私は「治る！　大丈夫！」って言っただけなのよ。

実はその方の場合は、霊の仕業《しわざ》ではなかったんです。原因はストレス。仕事のストレスから徐々に耳が聞こえなくなって、それで職場を変わってしまっていたんです。

私の場合は、自分の中ではなにか確信があるとかそういうのではなくて、「治る！」って感じるからそう言うだけなんです。

私自身は、まわりの人の病気が癒《いや》される原因が、本当にわからないの。多くの人たちに感謝されてきたけど、自分の言うことに実はまだ半信半疑だったりするんです。

でも、口からスーッと出るときは、確信に満ちてるから不思議なんですよね。

もう助からない！

ある日、上の姉から電話がかかってきました。

いつもなかなかつかまらない私だけど、その日に限って1回の電話で出たのよ。

姉の声はとても緊迫してました。

「知り合いの友達の甥《おい》がバイク事故にあって脳挫傷《のうざしょう》になって…。担《かつ》ぎこまれた病院で99・9%助からないって言われたの。でも、みよこが行って助けてほしい！」

いくら姉のお願いとはいえ、お医者さんが助からないという命を私が救うことはできないと思いました。

その子は大学生の男の子で、ワンボックスカーと接触して現在、危篤《きとく》状態。ただ呼吸だけしてるって…。

病院側からは今晩がヤマと言われ、すでに親戚も集まっているということでした。

そんな中に私が行って、一体なにができるの？と思い、姉に「親戚のみなさんに期待をもたせるのは申し訳ないから私は行かない」って答えたんです。

それでも姉が「とにかく、みよが行ってダメならダメって言ってあげて。80歳のおばあちゃんも病院に来ているのよ。おばあちゃんのほうが、もう参ってるの！」

そう言われたら私も心が動かされてしまって、病院へ向かうことにしたんです。

「もう諦《あきら》めてください」

なんて残酷なことを言わなくちゃいけないのかなと、気が重くなりました。

そして病院へ行くと、玄関でみんなが待ち構えていて「ありがとうございます！助けてください！」と涙ながらに手を握ってくるんです。

そのときに、自分でも驚いたけれど「頑張ってみます」って答えていました。

そのまま集中治療室に入ると、体中から管が出ている青年がベッドに横たわっていました。その頭はサッカーボールくらいの大きさに膨れ上がり、顔はすでに赤紫色に変色していました。

生命維持装置を付けられていて、すでに肩で息をしている状態。心電図は下のほうでゆるい波を打っているだけ。

瞬間的に、「あ、もう助からない」、私はそう思いました。

でも、心配そうに私の顔を見るご家族のためにも私はやらなければなりません。

「みんなの気持ちが大切なんです。みんなでよくなるようにお願いしましょう」と言い、家から持参したお米を彼の頭の上に置いて、手を当てて必死でお祈りしました。

「この子に私は一度も会ったことがありません。でも、19歳でせっかく楽しい学生生活が始まったばかりなのに、まだ逝く魂ではないと私は思う。必要ならば、私を連れて行ってください。私の命をあげるから、この子を助けて！」

思わず、そう心の中で叫んでいました。本気でそう思ったんです。

でも、そのあとすぐに、「ちょっと待って、本当に私が死んじゃったら、こういう人たちを助けることができなくなる」と思い直して、

「私に本当に力があるなら、この子に神様の力を教えてあげて！」と訂正しました。

あのまま続けていたら、きっと私のほうが本当に死んでいたかもしれないわ。

そして一心不乱に手を合わせました。

するとどうでしょう、今までまったく反応のなかった心電図がゆっくりカーブを描き始めたんです。

頭から手を離すと心電図の波がゆるくなり、当てるとまた大きな波になるんです。

そんな心電図を見て、お母さんは「今までこんなことはありませんでした！」と泣きだしてしまいました。

意識が戻ることを確信した私は「今晩はみなさんで祈ってくださいね」と言って自宅へ帰って、一晩中、東の空に向かって祈り続けました。

そうしたら、翌朝「意識が戻った！」という連絡が入ってきました。お医者さんも「これは神様が奇跡を起こしたとしか言いようがない」と驚いたそうです。

それから、5か月後にお見舞いに行ったんですけど、私がひとりで廊下に立っていると、車椅子でやって来た男の子が「みよこ先生ですか？」と話しかけてきたの。

顔の腫れが引いてあの彼だとはまったく気づかなかった。それに、寝たきりだった彼がなぜ私のことがわかったのかも、すごく不思議でした。

「事故で寝てるときに、夢の中にみよこ先生が出てきたんです。だから、一目でわかりました」

彼は死の淵で、私と出会っていたんです。それから異常なほどの回復力を見せて、歩けないと言われていたのに車椅子から降りることができるようにもなりました。

実は、彼は意識は戻ったけれど、植物人間になってしまうだろうと、お医者さんに言われていたんです。

でも、左半身が不自由になったけど右手でパソコンを打てるようになったし、しゃべることもできるようになりました。

そして、なんと車の免許も取ったんですよ。埼玉の新座にある身体障害者の運転免許センターへ行くというから、私もついて行ったんですね。

そのとき彼は歩行器をつけて歩いていたの。そこで私が「歩行器を外して歩いてみようよ。大丈夫だから！」って歩行器を取ったんです。

最初は不安がっていた彼だったけど、なんと、事故後はじめて、おぼつかない足でゆっくりと10メートル歩いたんです！　そこでも奇跡が起こってしまったのよ。

今では松葉づえで歩いて、人助けをするボランティアの仕事をしているはずです。

このようにお医者さんが諦めた命を救うことができましたが、不思議なことに助かるはずの人は絶対に私と会うことができると姉は言うの。会えることも運命だと。

彼の場合も、いつもは姉の電話になかなか出たことがない私が、1回で出たんだから、それがすでに運命だったと言うのです。

会えない人とはいつまで経っても会うことができないんですかねえ。

神様からの罰

6年前の秋の話、新潟のとある旧家に呼ばれて行ったときのことです。

そこの家は、子供たちがヒドいアトピーで苦しめられ、依頼人の方もいつも体調が悪くて床に臥《ふ》してることが多いということでした。

それで、今までお坊さんや神主《かんぬし》さん、霊能者、霊媒師《れいばいし》など14人の人たちを呼んだけど、玄関まで来るとみんな「ここで帰ります」と言って、すごすご帰ってしまったという話を聞いていました。

行ってみてすぐに、私も納得しました。

築70年以上は経つ民家で、1階には土間があって2階へは一直線に伸びた急な階段が…。そして、部屋には豆電球のような小さな明かりがポツンとついてるんです。

玄関に入ると、異常なほど寒気がしてザワザワと落ち着かない空気に包まれていました。その主人も「あなたがはじめて玄関をくぐれた人です」って言うんです(笑)。

日も暮れかけていたので、真っ暗になる前に仕事をしなければと思った私は、2階に仏壇があるということだったので、あいさつもそこそこに仏間へと上がりました。

ところが…。その部屋に入って、その光景にびっくり！

14人もの人たちが、この家に入れなかった理由がわかりました。

6畳ほどの部屋には鴨居《かもい》のところに、ぎっしりとご先祖の写真が飾ってあって、中には煤《すす》がかかっているような真っ茶色に変色した写真もあったの。

古い写真を飾っておくのは、よくないことなんです。特に人が出入りする入口の上のところなんかは最悪なんです。

そして、これまた立派な仏壇があったのだけど、そこにひしめき合うようにして数え切れないほどの位牌《いはい》が並んでいました。

自分の住む家を想像してみてください。同じ部屋に大勢で詰め込まれたら息苦しいですよね。それは霊も一緒なんです。

それで、私がその場でちゃんとお払いをしてから、写真や位牌を焼いてしまえばよかったのに、おばあさんが「先祖代々のものだから自分が処分することはできない。やめてくれ」って言い始めたの。

だから「わかりました。そういうことだったら、私が強行にやってもよくないでしょうから、写真を外して位牌を下ろしてお塩をまいてお浄《きよ》めしておきます。ですから、あとはお坊さんを呼んでくださいね」と言って帰ることにしました。

そして、部屋を出ようとしたとき、奥にひとつ電気がつきっぱなしになっているのが見えたんです。なので、おばあさんに奥の電気を消したほうがいいですよ、と言って、自分は、階段を下りようと右足を下ろした、そのとき！　部屋が一気に暗くなったものだから足を踏み外して、そのまま下まで落ちてしまったの。

一瞬、まわりがスローモーションみたいに見えました。

落ちた拍子《ひょうし》に土間の角で左目の下を切り、壁や鏡にも血が飛び散って、切れたところは裂けて肉が見えていました。それで病院まで運ばれて、14針も縫《ぬ》ったんです。

それでも私の運がよかったのは、運ばれた病院でちょうど手術が行なわれる寸前だったこと。病院の先生が、すでにオペの用意をして待機してくれていたのでした。

階段から落ちたのは、私が仕事をやり残して帰ろうとしたことで、神様が忠告をされたのだと思います。伝えるだけじゃダメだったのです。

この体験をしてから、私はお伺いするときには必ず電話でひとこと「私が行くときは家にあるものを焼いたりするけど、大丈夫ですか？」と確認することにしてます。
それをやらせていただかないと、私の行く意味がないということがわかったから。

子宮筋腫

私は小さい頃から大病もせず、元気に過ごしてきました。30代に入って腰痛に苦しめられましたが、それ以降はいつも健康で医者いらずです。もしかしたら病気で病院へ行ったことは、もう20年近くないんじゃないかしら。病院へ行った記憶は、新潟の旧家に行って、階段から落ちたときに顔を切って縫《ぬ》った怪我のとき以来ありません。

私は通常の体温が36・8度以上あるの。つねに微熱状態なのね。聞いた話だけど、36・8度以上あれば細菌を殺せるんですって。風邪を引いたときに熱が出るのも、ウイルスを殺すために熱が出るんですよね。だから私みたいにいつも体温が高い人は、自己治癒能力があるってことなの。私、本当に元気よ！　冬でもコートの下はノースリーブだし、家では裸足ですもん。

でもね、そんな私も実はソフトボール大くらいの大きさの子宮筋腫《きんしゅ》があるんです。

これが不思議なことに、手術をしようとすると邪魔が入って手術ができなくなってしまうんですよ。

体に傷をつけちゃいけないってことなのかなあ。普通は霊能者の人って、過去に手術をしていたり死の淵《ふち》から這《は》い上がってきたという方が多いって聞くじゃないですか。大病の後、不思議な力がついたりとかね。

でも、私の場合は九死に一生を得るような体験って一度もしたことがないんです。40歳くらいのときに子宮筋腫が見つかって、破裂するといけないから切り取りましょうって話になったんですよ。

それで手術の曜日も決まって、入院をして待機していたんだけど…。なんと、手術当日になったら先生が忘れていて手術室に来なかったのよ(笑)。

朝の9時くらいに手術室に入って、私は準備して待ってたんです。待っていても先生は姿を現さないし、看護婦さんもソワソワしはじめて。

これはおかしいなと思っていたら、案の定「今日はお引き取りください」と言われて帰ってきたんです。

「きっと神様が手術をしてはいけない」という警告をされたんだなと思って、私もそこで手術をするのは諦めました。

そのときに、うちの父親のときのことを思い出したの。十二指腸潰瘍《かいよう》だったのに盲腸だと誤診されて、もしそのまま手術をしていたら死んでいたっていう話。

父と同じように私も神様に試されてるんだなって思った。

だから、私も流れにまかせようって決めたの。もし自分が死を恐れたら、人さまに大丈夫ですよなんて軽々しく言えないじゃないですか。

今も筋腫はお腹の中にあるけれど、これ以上大きくならなければ切らなくてもいいみたい。私は筋腫がふたつくらいあるんだけど、子宮の外側にあるらしくて筋肉に変形しはじめてるんです。これが本当の筋肉マンよね(笑)。

これから小さくなることを期待してるんだけど、大きいままでもお腹が大黒様や布袋様みたいな感じで、貫禄《かんろく》が出ていいかなって思ってるんだけど、どうかしら(笑)。

私は病気になっても仕方ないってずっと言ってきたし、そうなるのも運命だと思って、すべてを受け入れるつもりでいます。

もし明日、ガンで余命2か月ですと宣告されたとしても、受け入れ態勢は万全。心はいつも平常心なのです。

父の命

父は78歳で亡くなりました。

私は、父親が亡くなったのと同時に目が覚めたんです。

忘れもしない1998年4月28日の午前7時05分に、自宅の電話が鳴りました。

その瞬間に「あ、お姉ちゃんからだ」ってすぐにわかったんです。というのも、電話が鳴る2、3分前に突然目がバチッと覚めて、父のことがフッと浮かんだから。

「お父ちゃんが今、死んじゃった」

上の姉が両親を引き取って一緒に住んでいました。

父は朝起きて「なんだか調子が悪い。息苦しいんだ」と母に言ったそうです。

「じゃあ、洗面所にでも行ってお水でも飲んでくれば？」

「うん、そうだな。そうする」

そう言ってお水をひとくち飲んだあと、まだ時間も早いしもうひと眠りするかと言って、パジャマに着替えなおしてまた布団に入りました。

横になって自分で手を組むと、5分もしないうちにガーッていびきをかき始め、母親がおかしいなと思って声をかけたときにはもう亡くなっていたということです。脳硬塞《のうこうそく》でした。

父は超能力のような力のあった人でしたが、晩年は体も不自由になって気力がなくなってきて不思議な力は封印してしまっていました。でも、もともとはパワーのあった人だったから、自分の最期は自分で予知していたのかもしれませんね。

父は50代のときに脳硬塞で倒れ、右半身不髄になって。達筆な人だったけど、それ以降は筆を持つかわりに、庭の手入れをしながら、楽しく過ごしていたようです。

最期は本当にあっけなく亡くなってしまった父でしたが、実は76歳のときに肺炎にかかって、死にかけたことがあったんです。

ある日肺炎で緊急入院したんですけど、「今夜がヤマです」と言われ、私は東京から車を飛ばして山梨の病院へ駆けつけました。

そして父の手を握って「神様！　せめてあと3年…いや2年でいいですから、父を生かしてください」って一晩中お願いしたんです。

そうしたら、翌朝すっかりよくなって、1週間で退院しちゃったの。ちょうど亡くなる2年前のことです。本当に2年生きて亡くなったんですよ。その父が、自分が亡くなる瞬間を私に教えてくれたのね。

こういう場合って夢の中に出てきたり、音や鼻で教えてくれたりする人もいるんです。音の場合はラップ音や鐘の音、鼻だとお線香の匂いとかで。

そういうお知らせは、突然死というよりも亡くなる人が入院していた場合が多いんです。亡くなる1週間前くらいから魂が肉体から抜けて、自由に行きたいところへ行けるようになるの。それで親しい人のところへあいさつへ行くんです。

私は父が亡くなった知らせを受けて、また山梨へ駆けつけたんだけど、亡骸《なきがら》を目の前にして不思議と悲しいという感情はわいてこなかった。

肉体はなくなってしまうけれど、父の魂が私のそばにこれからずっと寄り添っていてくれるという感覚が生まれたの。

読者の方の中には、2年延命してもらったらあと3年延命してもらえばいいのにと思う人もいるかもしれませんが、2回目はもう神様も聞いてはくれないんです。

2回目というのは、欲が出てきてしまうの。1回目のときは純粋に生かしてほしいと願うし、本人も生きたいと思う。でも2回目になると、1回できたんだから次もいいでしょうという気持ちが、どこかに生まれてしまうの。

私が今まで延命した方も、1回は助けていただけるんだけれど、2回目も命が助かったという人は、残念ながらひとりもいないんです。

指名手配犯

私の噂を聞きつけた人たちから連絡をいただくようになって、私の評判も徐々に広まっていきました。

そんなときに、ある県警から依頼が舞い込んできました。

私は署長室に呼ばれたんだけど、「取り調べ室じゃなくていいんですか？」って聞いたんです。そしたら真剣な顔で「あ、そちらのほうがよろしいですか？」って。冗談が通じなかったんですよ(笑)。

署長室に入ると、5人くらいの強面《こわもて》の男性が並んでました。みなさん警部補、警部、警視、警視正など役職のある方ばかりで、すごく緊張感が漂っていましたね。

そしてテーブルの上には、分厚いファイルが置いてありました。

その中には50人くらいの男性の写真がファイリングされていたんだけど、みんな顔つきが悪くて、まともな生き方をしてきた人ではないことが一目でわかりました。

「このファイルの中に、ある殺人事件の犯人がいます。ヤクザ同士の抗争で起きた事件なんですが、容疑者が自供しません。自分は無実だ、殺《や》ってないって言い張ってるんですが、私たち警察は彼に違いないと思ってます」

そこで私はファイルを開き、ページをめくっていったのですが、ある人を見た瞬間に「この人だ！」ってわかった。で、「この人が犯人ですか？」って聞いたんです。

そしたら「そうです」という返事が返ってきました。

警察側はすべてを知っていたけど、私を試したんですよね。そりゃそうですよね、どこの馬の骨かもわからない私に、殺人事件について聞くわけですから。

警察側も事件の犯人を特定して逮捕していたし、殺され方も全部知ってたけど、そのことについて私になにも説明しなかったんです。能力があるのなら、自分たちが説明しなくてもわかるだろうってところがあったんだと思います。

私はさらに続けました。

「殺された人のほうは、ここに写真はないですね。白い半袖のシャツを着ていました。白いワイシャツのようです」

「どういうふうに殺されたかわかりますか？」

「頭の左側を殴られたか打たれたかしていて、頭部が陥没《かんぼつ》して出血してます」

「では、どのように死体が発見されたかわかりますか？」

「山の北側の斜面に白樺《しらかば》の木があってそこに埋められてます。そして、冷蔵庫のような箱の中に入れられて車で運ばれたようです。車は白のワンボックスカーで、川沿いの県道に停めてあります」

その言葉を聞いた5人は、顔色を変えて「全部その通りです」と言いました。

被害者は発見されたとき白のワイシャツ姿で、ガラスの灰皿で殴られて殺されたとのこと。遺体も冷蔵庫に詰められて遺棄《いき》され、車も川沿いで発見されたそうです。

そして私の発言に間違いがないことを確信したあと、いよいよ本題に入りました。

「犯人がなかなか自供しないんです。落とし方がわからないのですが、簡単に落とせる方法はないでしょうか。彼の生い立ちが知りたいんです」

拘留《こうりゅう》期間の期限が迫っていて、このまま自供しなければ釈放しないといけないから警察側も焦っていたのね。

それで私は彼が小さい頃、親からの愛情を一切受けずにおばあちゃんに育てられたことを話しました。彼はずっと疎外《そがい》されて愛を得られずに生きてきて、グレてしまいヤクザになったけれど後悔している。さらに、もうこういう生き方しかできないと思って、人生を諦めているということもわかりました。

そこで警察側は、私の情報をもとに取り調べをして見事に自供までこぎ着け、この事件は一件落着したのです。

また、都内の女子大生殺人事件の捜査協力もしました。

家族が留守の間に何者かが侵入して、ひとり家にいた女子大生が刺殺されたという事件だったんだけど、それは親戚の人が犯人でした。

幸せな家庭への妬《ねた》みから、叔父さんが犯行におよんだ事件でした。

私は被害者も加害者も両方の気持ちがわかるんです。その人の感情が伝わってくるの。だから、やり場のないいたたまれない気持ちになってしまうんです。

殺人事件じゃなくて、車のひき逃げ犯を見つけたこともあります。

それは警察署には行かずに、電話がかかってきて聞かれたの。

映像が見えるんじゃないし、誰かの声が聞こえてくるわけでもなく、自分としては口からフッとついて出る感じなんです。そんな気がするって答えると不謹慎《ふきんしん》かもしれないけれど、言ったことが当たってしまうの。

だから、ひき逃げも車の映像が見えたわけではなくてイメージなんですよ。

「四駆の紺の車…。下が黒で上が紺のツートンになった車が犯人の車です」

でも、言うときはきっぱりとした口調で答えるんです。自分でもその自信がどこからくるのかがわからないけれど。

もちろん、ひき逃げ犯も車も見つかりました。

こういうことがあってから、事件の協力要請が来るようになったけど、今はお断りしています。あと、失踪《しっそう》した人や行方不明者を捜すこともしないようにしています。

なぜかと言うと、失踪した人の中には自分の意思で消えた人もいるわけなんですよね。そうするとだいたいの場合、帰りたくないという気持ちのほうが強いから、それを私が捜していいものか迷ってしまうの。本人の気持ちがわかるから。

だから、身内の方から捜してくださいという依頼があっても、できればそういうことは捜索したくないんです。

私は〝今〟を生きてる人に幸せになってほしいの。事件を解決するための力ではないんです。私が殺人事件を解決する専門家としてやるならいいかもしれないけど、私の中ではそういう力を〝今〟生きていこうとしてる人たちのために使いたいのです。

1500万の掛け軸

私って、けっこう怖いもの知らずなところがあるんですよ。

この依頼は、霊能者や占いの先生にお願いして来てもらっても、「私たちの手には負えない」とみんな帰ってしまうという、いわくつきのお宅でした。

家自体は都内近郊にある2階建ての普通の一軒家で、家族構成は娘さんと息子さんと奥さんとご主人の4人。

詳しく話を聞くと、子供ふたりは鬱病《うつびょう》になり30歳を越えているのに未婚。奥さんは原因不明の病気で体調が悪く、旦那さんは会社の社長さんだったけど1億円の負債を抱えて倒産し、そのまま失踪してしまったということでした。

私は新潟の旧家を訪れたときの苦い体験を思い出しました。位牌や写真を燃やそうとしたときに、依頼人に止められ、断念して帰ろうとしたら大怪我をしたのです。

そこで「私がなにを燃やしても文句は言いませんか?」と、自宅へ訪問する前に依頼人に念を押し、先方の了解もいただいたので、意気揚々《いきようよう》と出かけて行ったんです。

お宅を見せてもらっているとき、2階にあった掛け軸に、ふと目が留まりました。40センチ×30センチくらいの大きさで、難しい漢字のようなものが二文字書かれているものでした。読んでみても、意味がわからない代物でしたね。

聞けば、その掛け軸はある新興宗教から執拗《しつよう》に迫られて、1500万円も払って購入したというものでした。

そして、実はその家の人もその掛け軸がよくないと思い、外そうとしたら怪我をしてしまったので、隣のご夫婦に頼んで外してもらったそうです。

すると、そのご夫婦が交通事故で亡くなってしまい、怖くなったのでまたもとに戻したということでした。

さらに、その話を別の近所のご夫婦に話したら、そんなことはあり得ないと言って外してくれたけれど、今度は首吊り自殺をしてそのふたりが亡くなったそうです。

触った人が次々と死んでしまう掛け軸と聞いて、さすがの私も「怖い」と思ってしまいましたね。でも、困った人を助けるのが神様から与えられた私の使命。

「1500万円ですけど、燃やしてしまってもいいですか?」

「はい、楽になれるのならお願いします」

奥さんに、新興宗教を脱会する意思があるとも言われ、私も覚悟を決めました。

「じゃあ、やりましょう！」

すると、奥さんが恐る恐る私に聞いてきたのです。

「先生、この掛け軸を焼いたら私たちも死んでしまうんですか？」

「いえ、死ぬとしたら私だけですよ」

「え？　先生、死んでもいいんですか？」

「それはそれでしょうがないでしょ」

そして私は勢いよく掛け軸を壁から外し、庭へ持って出ました。そして、お浄《きよ》めで塩をまいたあと、サラダ油をかけてきれいに焼いてしまいました。

さて、そのあとが「困ったなあ」ですよ(笑)。帰宅途中に車に轢《ひ》かれるのか、電車のホームで誰かに突き飛ばされるのか、いつ死ぬかとドキドキしていました。

でも無事に家に帰り着くことができ、その日はなにごともなく過ぎていきました。

それから2日、3日が過ぎて…気づいたら1週間経っていました。

10日経ったときには「あれ、まだ生きてる！」。そして1か月経って「あー、もうこれで大丈夫だわ!」って安心しました(笑)。今は、あれから9年も経ってるし。

その後、依頼人の方も好転したんですよ。失踪中だったご主人も掛け軸を燃やしてから3か月後に戻って来て、5000万でも売れなかった家が7000万で売れて新生活をスタートするために実家の奈良へ家族4人で帰って行かれました。

第五章

宿命

今は、苦しむ人を救うため全国を飛びまわる毎日

スーパーウーマン

まわりの人たちには〝不思議な力をもっている〟とか、〝奇跡を起こした〟ってよく驚かれるんだけど、本人としてはいたって普通の感覚なんです。

家にいるのが大好きで、家でひとりコツコツとキルトを縫《ぬ》ってるときが楽しいの。キルトに興味をもったのは3年くらい前。キャシー中島さんの作品を見て、「デザインがすごくキレイだなあ」って感動してハワイアンキルトを始めたんです。

キルトって、時間も忘れて無心になれるところがいいんですよね。今はタヒチアンキルトをやってます。小物入れやエコバッグとか、自分でなんでも作っちゃうのよ。

あとは、クロスワードパズルも大好き。コンビニで2、3冊まとめ買いをして片っ端からやっていくんです。解けたときの達成感は癖《くせ》になりますよ(笑)。

それからゲームにもハマっていて、気づいたら朝の3時なんてこともあります。負けず嫌いなところがあるからか、自分が満足するまでやっちゃうのよね。

ね、本当に普通の人でしょ？　だから、私よく言うんですよ、私は普通のどこにでもいるスーパーで買い物しているおばさん＝スーパーウーマンだって(笑)。たまねぎ3個100円とか、たまごが1パック88円で買えただけで本当にうれしくなるもの。だから日常は、みなさんと同じ普通の生活をしているんです。

自分の力がわからないから、自分では力があるとも思ってもいないし。霊も見えないし、神様の声も聞こえないですから。

たとえば、みなさんもドラマや映画を見てるときに、これからの展開や結末がわかるときってありませんか？　友達や家族と見ながら「この話って最後はこうなるんじゃないの？」って言ったりしますよね。

私の場合、そういうことが日常の中で現実に起こるってことなんですよ。「あなたって小さい頃、こんな子だったでしょ？」とか「将来はこうなるわよ」と口からスラスラと出たことが当たるの。私はなにも違和感なくそのまま育って大人になったから、これが普通だと思ってるんです。

私、大きなダイヤの指輪や宝石にまったく興味がないの。人前に出ないといけないフォーマルな場所ではきちんとしますけど、普段はまったく装飾品は身につけない。

もしそういうものを持ったら、私に欲が出てきたってことになると思うんです。着飾ってる自分は本当の自分じゃないと思ってるから。

私がジャラジャラキラキラしていたら、あいつは欲に走ったなと思ってください。欲に走ったり興味をもったら、私の力はなくなると思ってます。

それから、私は家にいるときは普通のお母さんでもあるんです。

子供が小さい頃は、貧乏のせいで子供になにも買ってあげられなかった。それに、朝から晩まで働いていたので寂しい思いをさせたんじゃないかって心も痛みます。

でも、子供は「小さい頃に愛をいっぱいもらったから寂しくないよ」って言ってくれるんです。私はなんでも隠さず子供にも話をしてきました。話をするときは、子供っていうよりも人対人になっていたと思います。もちろん、「勉強しなさい」とか「もう寝なさい」って言うときだけは、子供扱いしますけどね(笑)。

だから子供もなんでも話してくれるし、私が一番の理解者だと思ってくれてます。

お金はなかったけど、子供の幼少期はたくさん抱きしめてあげました。無償《むしょう》の愛を注いだつもりです。

最近は未成年者が起こす猟奇的《りょうきてき》な事件が多発しているけれど、そういうニュースを見ると、本当に心が張り裂けそうになります。

我が子を厳しくしつけようとするのもいいですが、その前に抱きしめてあげてほしい。そして、青年期になったら、心を抱きしめてあげてほしいと思います。

ホームレス

3年ほど前、近所の駅のきっぷ売り場の前を通りかかったときに、40歳代くらいのホームレスの男性に声をかけられました。駅にはたくさんの人がいるのに、私を見ると一目散に私のところへやって来たんです。

「すみません、お金を貸してください」

電車に乗りたいんだけど、お金がないということでした。その人の財布の中には5円玉が1枚しか入っていません。

「駅員さんにお金を借りれないんですか？」

「駅員さんに言ったらダメだって言われた。誰も貸してくれないから…」

その男性はしょんぼりとしています。

「私もあなたに貸してあげたいのですが、今2000円しかないんです」

私は自分の財布を取り出して中を見せました。

「だからほかの方に聞いてみてくれませんか？」

そうすると彼は頭を下げて「500円でもいいんです」って言うんですよ。

でも、私は実はこの2000円で今月は乗り切らなくてはならなかったの。だから、「ごめんなさい。ほかに聞いてみてください」と言って彼の前から立ち去りました。

でも、そう言いながらも心苦しくなって電柱の陰から彼の様子を見ていたんです。

そしたら、誰にも声をかけないでただ駅の改札口の前をウロウロしてるだけなの。

私はどうしていいかわからなくなって、姉に携帯で電話を入れました。

「ホームレスの人にお金を貸してほしいって言われたんだけど、どうしたらいいのかわからない。私も今月は2000円しかなくて困っているの」

「神様がみよを試してるんじゃないの？　自分の身をなげうってでも人のためにしてあげなさいって」

そう言われた瞬間に、涙が出てきました。

「迷った私はなんてバカだったんだろう。自分の生活のほうを先に考えてしまった」

そして、そのホームレスの人がいるところへ走って向かいました。

「すみません。今の私はこれで精一杯なんですけど、必要なぶんだけ差し上げます」

すると彼は1000円を手にして、その場に座り込んで頭を地面に押しつけて「すみません、ありがとうございます！」と何度もお辞儀をしたんです。

「やめてください。みっともないから」って立たせてすぐに彼とは別れたけれど、私は近所のスーパーに駆け込んで泣きました。涙が止まらなかったの。

「私はなんて愚《おろ》かな人間なんだろう。最初、頼まれたときに迷わず出していれば、こんな思いはしなかったのに。自分がたったの1000円をケチったばかりに、彼も道路に土下座をしなくてはいけなくなったのよ。もしかしたら、私が明日彼と同じ身になるかもしれない。もし私がそうなったら、見ず知らずの人にお金を貸してくださいなんて絶対に言えない。言うってことは、よほど困っていたんだろうに…」

本当に彼に対して申し訳ない気持ちでいっぱいになりました。

そして、お金があるときに差し出すよりも、自分に余裕がないときにあげることのほうが尊いことだということも学びました。

いくらお金持ちでも貧乏でも死ぬときは一緒で、あの世には一銭も持っていけない。それなら、生きてる間に生きたお金をみんなのために使うことが大事だなって思ったの。だから、私は自分が食べていけるだけあればいい。

あのホームレスの方に学ばせてもらって感謝しています。彼がいなければ、そんな大切なことにも気づかなかったですから。

愛が足りないこの世の中に、少しでも役に立ちたい。人間には愛が大切だっていうことを伝えていきたいんです。

太陽の母

人生はつねに選択の連続です。

どちらの道を選ぶかによってその後の人生が変わっていくけど、その選択を後悔しないでほしいと思います。私もいろいろ苦しいことがあったけれど、私がこのようになるためには必要なことだったんだなって、今になってようやくわかりました。

だからみなさんにも〝後悔のない航海〟をしてほしい。人生の大海原を元気いっぱいに渡っていってほしいと願っています。

生きるって大変なことですが、ひとりひとりが少しずつ理解をすることで、変わっていくと思うんです。まずは、みなさんが感謝する気持ちをもつことが大事。イヤなことがあっても、これは自分を成長させるための試練だと神様に感謝してほしい。

心のもち方ひとつで人生は変わっていきますよ。難しいけど、それができたときに本当にガラリと人生に変化が訪れます。

私は、人の一生を通して見たときに、不幸と幸福の量は同じで最後はすべて帳尻《ちょうじり》が合うのかなと考えています。なにかの形で、必ず平等になるのではないでしょうか。たとえば、すごく健康だけどお金で苦労するとか。逆に、お金持ちだけど病気がちだったり。そして、心が貧しい人は愛を知らないんです。

私は人間の本当の貧しさってお金があるとかないとかじゃなくて、心の貧しさだと思うの。心の貧しさっていうのは、愛を知らないから貧しくなっちゃうんです。

心の貧しい人は、他人にやさしくできない。逆に心が豊かな人は、愛をいっぱいもらって愛に満たされているから、人にも愛をあげることができるんです。

人のことばかり恨《うら》んだり妬《ねた》んだりしていると、最初は恨《うら》むことで精一杯だけど、我に返ったときに心にポッカリ穴があいたようになって寂しくなると思うんですよ。自足ることを知る人であってほしいんです。人をうらやましがってばかりいると、自分は不幸と感じてしまう。考え方を変えることが運命を変えることにつながります。

普段プラス思考でいる人には、必ずご褒美《ほうび》があります。どちらの道に進めばいいんだろうって分岐点に立たされたときに、プラス思考の人はよい方向を選んでいける。そしてまた分かれ道に来たときに、いいほうへ進んでいける力が備わっていくの。

そして私はどちらの道に進めばいいかを、太陽のように照らしてあげるお手伝いができればうれしいなと思います。

私は苦しかった時代、いつも太陽に手を合わせました。天候が悪い日も太陽がある方角に向かって。曇りや雨の日でも、空の上は100%太陽が照っていますから。

私の願いはつねにみなさんの太陽でいたいということなんです。辛いことや苦しいことがあって暗い気分の人たちを、太陽のようにいつも照らし続けていたい。

私も本当に太陽の力には助けられました。いつも支えてもらっていました。

だから、太陽というのは私の中では大事なものなんです。貧乏人にもお金持ちにも太陽は平等なんです。どんな人の上にも、毎日昇って照らしてくれるのよ。

私は、大勢の人たちに平等で同じように幸せになってもらいたいと思っています。「よくなりました」とか「幸せになりました」とか「先生に会えてよかった」って言われることが、すごくうれしいんです。

それで、自分も「ありがとうございます」って手を合わせることができるの。

私の器がどれくらいのものだか、まだはっきりとはわからないけれど…。この器を目一杯使って、みんなを幸せにするために自分の人生を全うしたいと思っています。

こいけみよこ

1954年、山梨県生まれ。生命体エネルギーカウンセラー。「太陽の母」と呼ばれ、人を幸せにする不思議な力の持ち主。雑誌『JUNON』『週刊女性』などで連載。「チロルの部屋」（http://tirolnoheya.com/）で、運命鑑定中。また、イトーヨーカドー各店のカルチャーセンターで、『スピリチュアルレッスン』を開催中。

みよこ先生の「手から金粉出ちゃいました」

著　者　こいけみよこ
発行人　伊藤仁
発行所　株式会社　主婦と生活社
東京都中央区京橋三・五・七
〇三・三五六三・五一三二（編集部）
〇三・三五六三・五一二一（販売部）
印刷所　大日本印刷株式会社
製本所　株式会社　明泉堂

Ⓡ本書の全部または一部を無断で複写することは、著作権上での例外を除き、禁じられています。本書からの複写を希望される場合は、日本複写権センター（〇三・三四〇一・二三八二）にご連絡ください。

乱丁・落丁本はお取替えします。
弊社生産部（〇三・三五六三・五一二五）までご連絡ください。
ISBN978-4-391-13668-5

©こいけみよこ　Printed in Japan